BRITISH CAKE HOUSE

英国菓子、料理、スタイル
四季のおもてなしレシピ

夢を見られる場所

いつか日本で小さなティールームを開いて、アフタヌーンティーを広めたい――。

それは、1999年、ロータリー財団の国際親善奨学生として渡英が決まった際に提出した、私の夢でした。ロンドンの学校では、フランス菓子を基本としたなかにも、プロがつくる英国菓子にふれられ、紅茶のおいしさや英国そのものに感銘を受け、とても実り多い日々を過ごしました。

帰国後にパティシエとして働いたのが、夫となる小澤桂一が始めたレストランでした。英国菓子でさえなぜ？といわれた時代に、湯河原で「新英国料理」を掲げている変わった人、という印象でした。いっしょにいるうちに、そして、ふたりで英国を旅するうちに、それまで知らなかった英国の魅力をより理解できるようになり、いつか同じ夢を見るようになりました。

当時思い描いていた夢は、思っていた以上のかたちになりました。子育てや日々に追われながらも、英国への憧れや楽しみ方をみなさんと共有できるBRITISH CAKE HOUSEは、私自身も夢を見られる場所なのです。

こんなことをしてみよう、楽しんでもらえるかなと、積み重ねてきた日々を、この一冊の本にまとめました。

小澤祐子

夢を叶えるということ

　夢とは、その大きさと同じだけの苦難を歩むこ
となのでしょう。私の夢はイギリスでの学びから
得た優雅さを、日本で広めることでした。
　イギリスの豊かさ、すばらしさを教えられたの
は、カントリーサイドでした。日本でも地方への
移住や地方の魅力の再発見という話を耳にするよ
うになりましたが、地方の再生とは「人間らしさ
の再生」だと思うのです。田舎での学びは、四季
から得られるものも大きいと感じています。
　世の中の流行にのれば楽なのに、「イギリスは
おいしくない」という常識に対抗することから始
まりました。でも、飛行機は向かい風があるから
こそ空に舞い上がります。私たちの道は、決して
恵まれているとはいえませんでしたが、あきらめ
ずに情熱をもってやり続けたことで、夢が達成で
きたのだと思っています。
　夢を叶えるということは、一軒の家を建てるこ
とと同じだと考えています。この本では、私たち
の夢の設計図やデザイン、ディテールについて書
き記しました。
　夢に向かって努力しているかた、これから夢が
始まるかた、もう夢をあきらめかけているかたへ
のヒントや参考となればと願っています。
　あなたが、暖かな春の道を歩む日を夢見て。

　　　　　　　　　　　　　　　　小澤桂一

BRITISH CAKE HOUSE in Early Summer
ブリティッシュケーキハウスの初夏

BRITISH CAKE HOUSE in Autumn
ブリティッシュケーキハウスの秋

BRITISH CAKE HOUSE in Christmas
ブリティッシュケーキハウスのクリスマス

BRITISH CAKE HOUSE in Winter
ブリティッシュケーキハウスの冬

BRITISH CAKE HOUSE in Spring
ブリティッシュケーキハウスの春

Contents

FOUR SEASONS' RECIPES
四季のレシピ

ESSAY
エッセイ

BRITISH CAKE HOUSE
in
Early Summer
・
ブリティッシュケーキハウスの
初夏

わが家のまわりが新緑に包まれる頃、お菓子
づくりやティータイムにふと外を見ると、草
葉の露のきらめきと青々とした木々の香りを
感じます。道を歩けば、夏の始まりを告げる
ニューサマーオレンジの黄色。爽やかな風を
感じながら、生き生きとした自分をとり戻す
よう。日々緑深まる自然の力を思いきり吸い
込んで、深呼吸してみたくなります。

家の前に広がる、緑のトンネルを抜けて玄関
へ。ここから先は、おもてなしの心を込めた
私たちがつくる舞台です。主人公は、みなさ
ま。扉を開けた先に始まる、美しい物語をい
っしょに紡いでまいりましょう。

17

Early summer

STYLISH AFTERNOON TEA

モダンブリティッシュで表現する
アフタヌーンティー

モダンブリティッシュとは、
現代的な表現のことだけではありません。
英国的な本質を失わずに伝統に回帰し、
新しい世界へと進化・集約させて
デザインしたものです。

p.163
Seasonal Onion Blanc-manger
新玉ねぎのブランマンジェ（中）

新玉ねぎならではのみずみずしさと甘みを生かした、
塩味のブランマンジェ（白い食べもの）がアフタヌー
ンティーコースの始まりを期待させます。

p.162
Asparagus & Smoked Salmon Tarts
アスパラガスとスモークサーモンの
タルト（左）

スモークサーモンとマッシュポテトにチェダーチーズ
の塩けを加え、アスパラガスの穂先を合わせて、季節
の味覚と大地からの芽吹きを表現しました。

p.163
Asparagus & Tuna Sandwich
アスパラガスとツナのサンドイッチ（右）

食感のよいアスパラガスの茎の部分と、新玉ねぎを加
えたツナペーストでつくるガトー仕立てのサンドイッ
チです。トップには緑をあしらって。

18

p.164
Orange Curd Tarts
オレンジカードタルト（左）

6月頃になると、湯河原産のバレンシ
アオレンジが出まわります。レモンで
酸味をプラスした、太陽色のオレンジ
カードを詰めた爽やかなタルトです。

p.165
Banoffi Mousse
バノフィムース（中）

「バナナ」と「トフィー」を合わせた、イギリスの人気
菓子「バノフィパイ」。夏の暑さに合わせて冷たく、
食べやすい食感に仕上げました。

p.166
Matcha Meringue Shortbread
抹茶メレンゲショートブレッド（右）

湯河原ではお茶の木の生垣が多く見られます。新芽が
成長するこの季節に、英国定番のショートブレッドに
抹茶入りのメレンゲをのせて新茶を表現しました。

MAKE
MARMALADE
マーマレードをつくる

英国の食卓に欠かせないものに保存食があります。自
家製ジャムやマーマレードは、ファームショップや教
会の軒先でも売られている身近なもの。皮がやわらか
く苦みが少ない、湯河原名産・ニューサマーオレンジ
のマーマレードはわが家の定番です。

21

Early summer

p.166

Plain & Orange Scones
プレーンスコーンとオレンジスコーン

アフタヌーンティーのおもてなしのス
コーンは、形をきれいに、しっとりと
上品に焼き上げます。オレンジピール
を加えたスコーンは初夏の定番。クロ
テッドクリームとジャムを添えて。

p.167

New Summer Orange Marmalade
ニューサマーオレンジの
マーマレード (a)

こんがり焼いたトーストに負けない本場のマーマレー
ドはスコーンに合いませんが、ニューサマーオレンジ
のやさしい風味はよく合う気がします。

p.167

Lemon Curd
レモンカード (b)

カードとは"凝固させる"という意味
で、イギリス生まれのスプレッド (パ
ンなどに塗るもの) の一種です。レモ
ンカードはトーストやスコーンはもち
ろん、お菓子にもよく使われます。

ティータイムに約束ごとはありません。あるとすれば、楽しむこと。アフタヌーンティーは3段トレイでなくてもいいし、厳しいマナーもないのです。大切なのは互いを尊重し、よい時間を過ごすこと。友人や家族と楽しみ、ひとりの時間も大事にしましょう。初夏のテーブルには、アスパラガスを大地から生え出たデザインに仕上げて楽しく。旬の新玉ねぎやフルーツも使い、モダンに進化させてフレッシュ感を演出しました。

斬新で伝統的な
英国料理とお菓子で
初夏のティータイム

MODERN BRITISH DISHES & PUDDINGS in SUMMER

夏のモダンブリティッシュ
料理とお菓子

色鮮やかな季節、
伝統的な英国料理を
視覚を通しても楽しむ、夏色の食卓。
じっくりと味わう英国料理の魅力が、
よりいっそう輝きます。

p.168 Baked Tomato Soup with
Juniper Berry Flavour
ベイクドトマトのスープ
ジュニパーベリーの風味

英国定番のトマトスープを、トマトをオーブンで焼い
て爽やかな冷製で仕上げます。アクセントにジュニパ
ーベリーの香りを添えて。

26

p.170

Baked Alaska with
Passion Fruit Sauce

ベイクドアラスカ
パッションフルーツソース

冷たいアイスクリームと、焼き目が香ばしいほんの
り温かなメレンゲのサクサクした食感のコントラス
トに、パッションフルーツの酸味が際立ちます。

p.168

Lemon & Basil Sherbet

レモンとバジルのシャーベット

レモンとバジルは、とっても相性のよ
い組み合わせ。バジルのやさしい緑の
シャーベットを口に運ぶと、レモンの
酸味とバジルの香りが華やかに広がり
ます。食事の口直しにもぴったり。

フィッシュ＆チップスの
モダンブリティッシュスタイル

ブリティッシュケーキハウスの前身、1999年に
創業した新英国料理「The Fountain」を代表する
ひと皿で、国内外のお客さまに衝撃を与えた料理
です。見た目は斬新ですが、エールの風味を生か
したサクサクの衣に包まれた魚の身はしっとりと
した食感で、ハンドカットのポテト（チップス）
といっしょに楽しむ、純然たる伝統的な味わい。
モルトビネガーの代わりに、バルサミコ酢に湯河
原の柑橘の甘みを加えたソースと、香り豊かなバ
ジルの素揚げを添えて。立体的な味わいを堪能す
る、食べる芸術の世界です。

p.169
Fish & Chips
Modern British Style
フィッシュ＆チップス
モダンブリティッシュスタイル

英国の漁師町では、朝獲れたての魚が
並びます。フィッシュ＆チップスとい
えば鱈が一般的ですが、ドーバーソー
ルやかれい、えびやいかも。本日はオ
レンジ色に光る、金目鯛で。

29
Early summer

MAKE
ASPARAGUS
SCONES
アスパラガスの
スコーンをつくる

発酵が不要なスコーンは、思い立ったらすぐにつくる
ことができる手軽なメニューの一つで、アレンジも簡
単。初夏におすすめなのは、旬のアスパラガスの食感
と香りを閉じ込めたセイボリー（塩味）のスコーン。
さっそく焼いてみましょう！

Early summer

p.171

Asparagus Soup
アスパラガスのスープ

出来栄えがよくないアスパラガスがあ
れば、この贅沢なスープをつくります。
アスパラガスの風味を閉じ込めた、ク
リーミーな食べるスープです。

p.171

Asparagus Scones
アスパラガスのスコーン

セイボリースコーン（塩味のスコーン）
は、パンの代わりに気軽に楽しめます。
クリーミーなスープに、彩りと食感を
添えてどうぞ。

33

Early summer

TEA TIME at THE SEA

海辺のティータイム

　初夏からの楽しみは、"オープンエア"で過ごす時間。一年じゅう、毎日のように散歩をする私たちも、気候のよいこの季節は、初夏を満喫しようといろいろな工夫をします。テラスでのティータイム、山へピクニック、そして、椅子を持って海へ出かけたり……。

　手間のかかる料理を用意しなくても、簡単な焼き菓子とフルーツ、冷蔵室に残っていたハムやチーズをはさんだパン、ミルクティーをカゴに詰めたら、簡単で素敵なピクニックハンパー（料理を詰めたカゴ）のでき上がり。それを手に、自然の劇場、特等席へと出かけます。

　寄せては返す波の音、水平線の彼方では大空と海の青色が混ざり合い、沖に浮かぶ島々に思いを馳せる……。流れる雲の間から注ぐ太陽の光を感じながら、少し大きな声で将来のことを語ります。私たちにとって、海は最高の会議室。不思議と前向きな言葉が出てきます。夢や大志を抱くには、どこまでも広がる海を観ながらが一番のようです。

　ときには夕焼けが、満月の夜には月の光の輝く道が私たちに橋を架けてくれます。そんなひとときにも、片手にはミルクティー、お菓子は忘れずに。

p.172
Potato & Onion Tart
じゃがいもと玉ねぎのタルト

じゃがいもをメインに、キッチンにある材料でつくる
気軽なタルト。下ゆでしたじゃがいもはオーブンでじ
っくり焼くと、驚くほどホクホクに仕上がります。

36

持ち運びしやすく冷めてもおいしいものを中心に、じゃがいもと玉ねぎのタルト、チーズとトマトのサンドイッチ、焼き菓子に季節のフルーツを添えて。パンとチーズ、飲みものだけでも大丈夫。カッティングボードとナイフを持っていくのが英国スタイル。

37

Early summer

Monthly
column
#1

Summer

イギリスの印象は季節によってかわります。「緑がきらめいて、明るくて爽やか」「なんだか暗くて、冷たい雰囲気」など、夏と冬では特に異なるかもしれません。夏のロンドンには花があふれ、街路樹からこぼれる陽射しは美しく、飲食店のテラスでは人々が楽しそうに過ごしています。そろそろ夕方かな、と時計を見ると、すでに21時。イギリスは日本よりも北に位置しているため、冬は日が短く、夏は日がとても長くなります。

このサマータイムにより生み出される生活や文化が、たくさんあるのです。

仕事のあとに散歩をしたり、テニスやゴルフをしたり、平日でもストレス発散ができるし、家の掃除もあせらずにできるでしょう。農業従事者が朝4時頃からトラクターを出し、夜10時頃まで働いている姿も目にします。一見、重労働に見えますが（もちろんたいへんな仕事なのですが）、途中で自宅に帰って食事をしたり、ゆっくり休憩したりと、仕事にもゆとりがあるのです。そして、農家ではいつ家に帰ってもおなかが満たせるように、パッと食べられるお菓子を用意しておくのが慣習でした。

ミルクティーとともにいつでも食べられるお菓子の姿は、英国菓子の一つのかたちであり、英国菓子が素朴で家庭的といわれるゆえんでもあるのです。

June イギリスの夏 ―華やぎの季節を想いながら―

週末には心にもっと余裕ができ、趣味を楽しむ時間や家族との時間を持つことができます。この少しずつのゆとりの積み重ねが、ぎすぎすしにくい心を生み出す、人々をハッピーにするポイントになっていそうです。

薔薇の咲く公園や庭の木陰で、ティータイムはいかがでしょう。緑あふれる草原や海へのピクニックもおすすめです。そこで、持ち運びしやすいお菓子や料理が登場します。

また、「June Bride」といわれるように、六月に結婚した花嫁は幸せになるといわれますが、イギリスの六月はお天気に恵まれ、日中に野外でパーティーをするのにうってつけの季節、イギリスのあちらこちらでお祝いの宴がくり広げられます。

「夏にはアウトドア（野外）を楽しみ、冬にはインドア（屋内）を楽しむ」

こんなところにも、意外とイギリスの文化が見えてくると思いませんか。サマータイムをのんびりと過ごしたあと、夕方からはシャンパンとおつまみでホームパーティーを始めたり、夕陽を見ながら語り合ったりするのはいかがでしょうか？

英国菓子の魅力を理解するときに、だれもが知っている、役に立つ食材があります。それは何かというと、フルーツなんです。みなさんそれぞれに思い浮かべるフルーツは異なると思いますが、この食材、とんでもないものだと思いませんか。というのも、どのフルーツも、おそろしく完成度が高い食材だからです。まわりに漂う甘い香り、もぎたてのみずみずしさ、頬張ったときの甘さや旨み、すがすがしい酸っぱさ、歯ごたえや食感などなど、フルーツはそれぞれに色や形、味に個性があります。

　たとえば、南国で出会うフルーツ。魅力的なものが多く、そのおいしさに驚いた経験のあるかたも多いのではないでしょうか。でもそれは、すべて自然のなかででき上がったもの。つまり、最高の「素朴」という言葉がふさわしい食材なのではないでしょうか。そのフルーツから、英国菓子にとって大切な要素を窺い知ることができるのです。

　イギリスにも、季節を感じられるフルーツがたくさん存在します。りんごやルバーブ、ピーチ、フィグやさまざまなベリー類が収穫できます。もちろん、イギリスの風土・気候に合ったもの。それらをお菓子や料理に使ったり、ジャムなどに加工して保存食にしたりと、まさにイギリスらしいお菓子や料理の材料として定着していきました。

July

美しき素朴 ─英国菓子の輝き─

　しかし、イギリスはそれだけではありませんでした。かつては大英帝国として七つの海を支配し、さまざまな国を植民地支配していました。そこで、新たな異国の食材や香料、薬、そのほかの文化を知り、また、その新たな魅力あるものを探し求めるプラントハンターという職業まで存在していたのです。

　時代がすすみ、植民地政策が終焉を迎えたのちも、イギリスには多くの移民が住み、さまざまな国の食材を手軽に入手することができます。ロンドンや地方都市の街や市場や商店をのぞいてみると、たとえばインド人、中国人や中東系、アジア系、トルコ系、アフリカ系など、その地域に多く住んでいるかたの国民性の違いを実感できると思います。これは、ロンドンなどの都市を訪れる楽しみの一つですし、イギリスの違った一面も見えてくると思います。イギリスの国を構成している、さまざまな要素や歴史などのおもしろさ、学びにぐっとふれることになるでしょう。

　市場などに行ったら、ぜひフルーツを買ってみてください。日本よりもはるかに安くて、おいしいフルーツに出会えます。そして、市場には見たことのないような食材や日常品が売られていて、さまざまな国の文化を知る、よい機会になると思います。

夏のイギリスを旅する楽しさを具体的に記していきましょう。たとえば、夏のスポーツ観戦。スポーツと聞くと、日本人にはなんとなく庶民的なイメージですが、イギリスでは異なります。まずはクリケット。日本ではマイナーな競技ですが、イギリスでは歴史あるスポーツで競技人口も多く、テレビ中継があるのはもちろんのこと、世間話に登場するお楽しみでもあります。そして試合中にもティータイムを過ごすという、なんとも紳士的なスポーツ。ほかにもレガッタやウィンブルドンのテニスも有名だと思いますが、ロイヤルアスコット（競馬）も印象的でしょうか。

　会場には華々しい服装の紳士・淑女が集います。なんとも華やかな雰囲気で、女王や王室メンバーも登場します。しかも、この会場での最大のお楽しみは、食事会やピクニック。ピクニックといってもサマーハウスのイメージで、テントを設営して、そこには美しくおいしそうなおつまみや前菜、お菓子などがあり、シャンパンなどを飲みながら過ごします。とても豪華な過ごし方なのです。

　また、一年で最も華やぐこの季節に、世界中で多くの人々を魅了するモータースポーツのF1や二輪のMotoGPなどのイギリスグランプリが開催されます。

August

イギリスの夏 —スポーツ観戦—

　これらは、ゴルフの全英オープンのクラブハウスよりも華やかな、いわゆる社交界が展開され、王室や貴族、そして国民にとっても大切なシーズンです。またこの時期に、イギリスのマナーハウスなどでは、社交に訪れた人たちがディナーなどの食事会に集い、今の時代とは思えない華やいだ世界です。みなさんオーダーメイドのドレスや帽子を身にまとっていて、いっしょにいる私は肩身の狭い思いをするやら、圧倒されるやら。あの経験は忘れられません。

　もちろんそんな華やかな部分だけではなく、しっとりと落ち着いた世界もあります。ガーデンでは、憧れてしまうくらいに薔薇が美しく咲き誇り、何より梅雨がなく、天候も安定していますので、野外音楽会などもあちらこちらで行われています。みんなが、人生のなかで美しく咲き、輝くシーズンなのでしょう。ささやかな週末のお出かけやパーティーもよく行われます。そのピクニックやパーティーも、夏ならではのワクワクする内容になるのです。「夏には夏の楽しみ方がある」、それを理解し味わうことで、素敵な価値のある時間を過ごせますし、そのさまざまな要素が発展して定着していくと、文化になるというわけです。

BRITISH CAKE HOUSE

in

Autumn

✦

ブリティッシュケーキハウスの
秋

実りの時期、お菓子や紅茶がさらにおいしく
なる季節を迎えます。秋の午後の陽射しが静
かな思い出を刻みます。積み重ねてきた学び
が、美しさを美しいと感じられる心を育て、
やがて実りを見つけます。秋はたおやかに流
れる時のなかで、美しさを感じられる心を確
かめ、生きてきた日々と出会えた人たちを思
う季節なのかもしれません。

ベンチに腰かけて木々を眺めていると、黄や赤や茶色の葉っぱがそれぞれの物語を話しかけてくるようです。巡る季節をたどりながら、いつまでも玄関で、みなさまの笑顔をお迎えし見送りたいと願うのです。

Autumn

HARVEST TEA PARTY

実る秋の
ティーパーティー

　レッスンで毎月異なるたくさんのお菓子や料理をお伝えしているのには理由があります。それは、純粋においしいものが、ささやかな日常に潤いを与えるとっておきのアイテムであってほしいと願うから。大切な日のお役にも立てたならうれしいです。

　夏が終わるとわが家のまわりは、栗や柿、みかんなど、秋の味覚にあふれます。豊かな実りはお菓子や料理に姿を変え、季節の恵みを実感します。ティーパーティーを開けば、楽しい思い出まで実ることでしょう。「喜んでほしい」という、その気持ちがいちばん大切。素直な気持ちでパーティーをすることが、成功のカギなのです。

　もっと楽しみたいなら、まずはメニューを考えることから始めましょう。お客さまが好みそうなものを考えるだけでも、それは「想い」の具現化と表現です。そしてそれこそが、「おもてなし」だとは思いませんか。

　どんな素敵なレストランに行っても、"あなたのため"だけのメニューではありません。ところが、パーティーを主催するシェフのあなたは、だれかの顔や喜ぶ姿を思い浮かべて、唯一無二のシェフズテーブルを実現できます。

　お菓子と紅茶がかける、とっておきの魔法で。

p.176

Apple Scones
りんごのスコーン（p.50右奥）

秋が来ると決まってつくるのが、りんごのスコーンで
す。フレッシュなりんごの風味とシナモンの香りが、
秋の訪れを感じさせます。

p.173

Mushroom Tarts
きのこのタルト

ブラウンマッシュルームやしいたけを炒めて、チーズ
で風味をつけた小さなタルトです。口いっぱいに、き
のこの旨みや香りが広がります。

p.173

Cornish Pasty (Chicken Curry)
コーニッシュパスティ（チキンカレー）

英国南西部・コーンウォール地方の名物コーニッシュ
パスティを、つまみやすいサイズに仕上げました。フ
ィリングは食べてみるまでのお楽しみ！

p.174

Eton Mess with Apple & Cinnamon Meringue
りんごとシナモンメレンゲのイートンメス

りんごがおいしい季節、採れたての紅玉をキャラメリ
ぜして、シナモン風味のメレンゲとクリームを合わせ
た秋のイートンメスをどうぞ。

p.175

Pumpkin Cupcakes
パンプキンカップケーキ

秋の彩りを添えてくれるパンプキンカップケーキ。お
いしいかぼちゃを蒸し上げた自家製ピュレを生地に加
え、クリームチーズアイシングで仕上げます。

p.176
Chocolate Fridge Cake
チョコレートフリッジケーキ

オーブンを使わず、冷蔵室（フリッジ）でかためることからこの名で呼ばれます。チョコレートにビスケット、くるみがぎっしり詰まっています。

p.177
Caramel Nut Tarts
キャラメルナッツタルト

秋になると、こんな濃厚なお菓子がおいしく感じられます。くるみやアーモンドなどのナッツをキャラメルでからめ、タルトに詰めて焼き上げます。

p.177

Pear Sponge Cake
ペアースポンジケーキ

秋が深まる頃に出まわる洋梨を、はちみつとバターで
煮て生地に加えたやさしい甘さのペアースポンジケー
キ。手作りならではのおいしさです。

55
Autumn

HOSPITALITY as a HOST

ホストの
おもてなし

「いい気持ち」とはなんだろう。ずっとそのことを考え続けています。この探究心は追究する目的を鮮明にし、私は人生のすべてを捧げているのです。

ホストとして努力しているのは、「自分がゲストならば何を求めるか」、私たちができること、やるべきこと、お伝えすべきことをポリシーのなかで模索することです。そして、最終的にみなさまに満足していただける到達点を予測し、プロデュースするのが私の役目。意外かもしれませんが、私が料理の発案とプランを組み立て、ふたりで会議をしながら具体的な内容を決めています。味の方向性やメニュー、お皿や盛りつけ、提供方法などの最終決定までの実務は、祐子が担当し、私は監督として流れをつくります。

ふたりの得意分野を最大限に生かし、力を合わせてそれぞれの役割を果たした先に、ようやくみなさまをお迎えできる準備がととのうのです。

こうして私たちの世界観を、「おもてなし」という表現によってお伝えしてきました。そしてやがて、「だれかに満足してもらうことでしか、自分の最高の満足は得られない」と知ったのです。

みなさまが笑顔になることだけを願って、横でお話
をしたり、紅茶をいれたりしています。つらいこと、
哀しいこと、少しの間でも忘れていただきたくて。

HOSPITALITY as a PASTRY CHEF

パティシエの
おもてなし

　おもてなしのテーマが決まったら、レパートリーのなかからメニューを選びます。まずはいちばん作りたいもの、「おいしいりんごが届いた」など動機はささやかです。特徴から味わい、食感、見た目、温度などを考慮し、パズルのようにメニューを組み立てていきます。季節の食材を意識すると、自然とまとまりが出てきます。

　たとえば、秋なら使うフルーツ、砂糖、スパイスなどによって焼き色が変化し、茶色の美しいグラデーションが生まれます。次に、よりおいしく感じさせる器を選ぶこと。お菓子を盛りつけることによって器の美しさが引き立ちます。するとお菓子ばかりが主役でもない、器も飾った花もすべてが一体となった美しいテーブルとなるのです。もしお客さまの歓声が聞こえてきたら大成功、元気をもらえる瞬間です。

　厨房に入っていた頃はお客さまの反応に直接ふれることは少なく、作業も分担制でしたが、今は組み立てから製作、当日のおもてなしまでかかわることができ、とてもやりがいと幸せを感じます。家庭的な温もりのなかにも、技術者として光るものをさりげなくお届けできるように、これからも日々を積み重ねていけたらと思います。

若葉が深紅に色を移し、晩秋の落葉となっても、やが
て冬を耐え、いつしか春には新しい芽吹きが……。い
くつもの四季が巡るなか、私たちはずっと何も変わら
ず、ここで待ち続けてゆくことでしょう。

61

WARM TEA TIME 温かなティータイム

おかえりなさい。
温かいお茶とお菓子をどうぞ。
焼き上がるまで、
たわいない話でもしましょうか。
素朴なのに、豊かだと感じるひととき。

p.180

Drop Scones
ドロップスコーン

スコティッシュパンケーキとも呼ばれるドロップスコーンは、イギリスでは定番のおやつ。焼きたてに、はちみつやバターを添えていただきます。

AUTUMN
HOME
COOKING

秋の家庭料理

「今夜はロースト料理だよ」
「今日は早く帰るね」
そんな会話が聞こえてきそうな秋の朝。
旬の味覚のデザートまであれば、
夜が待ち遠しくなるでしょう。

p.178
Blackberry & Bramley Pie
ブラックベリーとブラムリーのパイ

イギリスの調理用りんごのブラムリーとブラックベリーは、同じ季節に採れる相性のよい定番の組み合わせ。おいしさをパイに閉じ込めます。

p.179

Roast Pork, Apple Sauce
ローストポーク　アップルソース

ジューシーなポークは、皮はカリッと身はしっとり。
焼き汁を生かした定番グレービーソースとりんご&は
ちみつ、さつまいものピュレの絶妙なハーモニーで。

67
Autumn

Monthly
column
#2

Autumn

多くの貴族の館には、その庭園のなかに「サマーハウス」と呼ばれる東屋のような建築物があり、現在でも目にすることができます。夏には結婚式などが行われ、人々が庭でお酒やオードブルをつまみ、楽団が演奏をしている光景に出会うこともよくあります。さて、それではいつ頃から、この屋外で食事をする習慣が「ピクニック」という言葉で表現されるようになったのでしょう。そしてなぜ、貴族の習慣から、より庶民的な今日の気軽なピクニックとして広がっていったのでしょうか。

　まず、いつ頃から屋外で食事をしていたのかというと、中世の有名な王様ヘンリー8世は、河原で狩りの最中に屋外で食事を楽しんでいたとされ、絵画などにも描かれています。王室や貴族の文化のなかで、最も楽しまれていた遊び「狩り」では、必ず食事や飲み物を楽しむ場面があり、この屋外で楽しむ娯楽性のある食事の習慣がピクニックにつながっていきました。Pick-Nickという言葉が初めて活字として登場したのは、1802年、The Timesの記事「公園にて屋外で娯楽として食事を楽しむ人々、The Pick-Nick Club」でした。今でいう最先端の流行を担うかたがたの楽しみだったそうで、その新しい娯楽が世の中に知られるきっかけとなったようです。

September イギリスの文化 ―ピクニック―

　この全国紙によってピクニックという言葉がイギリス全土に広まり、13年後の1815年に再びThe Timesでとり上げられたときには、すでに国民の娯楽となっていた、と書かれています。さて、ここで一つの疑問、弁当を食べることとピクニックの違いは何か。ピクニックの重要なポイントは、食べることと食べる時間を目的とすることなのです。ある意味、場所は自宅の庭でも、近所にある公園でもどこでもよいのです。日本のお花見などの行楽弁当をイメージしていただくとわかりやすいかもしれません。

　イギリスの書店をのぞくと、おもしろいことに気がつきます。日本の書店には「日本料理」や「イタリア料理」といったカテゴリーがありますが、イギリスには「ピクニック」というコーナーがあるのです。それほど親しまれた習慣であり、楽しみということなのです。ピクニックは、仲間や家族と、好きな場所に、好きなものを持って行けばよいのです。もしルールが存在するなら、「みんなでその時間を楽しむこと」。友人や知人とのコミュニケーションを楽しみながら、目の前に広がる風の音、光の色、香りなど自然を愛でる。その記憶を共有するピクニックが、文化として定着し、受け継がれ、ささやかであり優雅でもある伝統となっているのでしょう。

英国の秋。私は10月の英国がとりわけ好きです。カントリーサイドの村々は、夏の華やぎからふだんをとり戻し、陽の落ちる時間も日ごとに早まり、夕方、帰宅する情景からも一日の終わりが感じられます。ロンドンのハイドパークにも静寂が戻り、木々の枝先に葉の色づきを見つけたり、シティー周辺ではビジネスマンがコートを着て、口数も少なく家路につくうしろ姿が印象的だったり。ロンドンの石造りの街並みでは、窓の一つ一つにうっすらと部屋の灯りが浮かび、ライトアップされた店の看板にも一日の終わりを感じます。去り行く季節を名残り惜しむような、そしてこれから訪れる冬に向けての準備が始まる様子から、子どもの頃に外で遊んで家に帰るときに感じた、少し寂しい気持ちがよみがえるのでしょうか。

BRITISH CAKE HOUSEの玄関を入ってすぐの部屋には、「Days End」と書かれた画があります。どことなく寂しく感じる一日の終わりをささやかに表現した、家路の風景が描かれています。私は、ここに来るかたに、この画から安らぎや安堵を感じていただきたい、そして、自分の家に帰ってきたような気持ちになっていただきたい、と思っているのです。

October

イギリスの秋 —豊かなカントリーサイド—

この画を買ったのは、英国の最も美しい地域の一つである湖水地方でした。何カ所か地域の拠点となる村があるのですが、そのなかでも大きな湖に面した「ウィンダミア」という村にある小さなギャラリーで購入しました。湖水地方といえば、ピーターラビットが有名ですが、ナショナル・トラストの発祥が語るように、ほんとうに美しい自然に囲まれた大切な場所だと思います。

しかし、私がこの土地を好きな理由は、純粋に美しい風景にあふれているからというだけでなく、そこで暮らす人々の、昔から変わらないその姿に心をつかまれるからなのです。

偉大なる大地の恵みのなかでの、人々の静かな営み。牧畜や酪農、農業、工業、商業が、牧歌的な最小限の暮らしに生き、息づき、継がれていく。あたりまえの人間らしい日常の生活。でもこれらは、刺激がない、発展的でない、向上心がない、儲からない、得にならない、つまらない、と表現されるのかもしれません。

でも、それ以上に何を求める必要があるのでしょう。きっと、だれしもがそう自問することに出会える場所なのではないでしょうか。シンプルであるほど、実は愛おしいのかもしれないと気づかされた、秋の思い出でした。

イギリスのおいしい秋は、9月中旬の猟の解禁から始まります。日本にいると実感しにくいのですが、イギリスで食にたずさわる人が精肉店で実感するのが「肉の季節」なのです。私は海のある湯河原で生まれ育っていますので、子どもの頃から魚に旬があるのを実感していましたが、イギリスでは肉にも季節があるのです。

　カントリーサイドではハンティングにともなう肉料理に出会う機会が多くなりますし、村の精肉店にも旬の肉が並びます。一般的には、鴨、鹿、兎、鶉、雉などがよく登場しますが、日本では特別天然記念物の雷鳥も供されます。ロンドンだと、カントリーサイドにくらべてこのような旬の肉を目にする機会は少ないかもしれませんが、専門店やハロッズなどのデパートの肉売り場には、季節の肉が並びます。イギリスではこれを「ゲーム（ジビエ）」と呼んでいて、レストランでも多くのゲーム料理のメニューに出会うことができます。ロンドンで有名なのは「ルールズ」という老舗レストランで、自社の領地で狩猟した新鮮なゲームの料理が、この時期からの看板メニューとして出てきます。秋にロンドンに滞在されるときには、ぜひともイギリス人が大好きなこの料理の世界を堪能していただきたいと思います。

November

秋の楽しみ　—ゲーム料理—

　寒くなり始めるこの頃の料理の特徴は、煮込み料理が多いこと。アプリコット、ベリー、木の実や栗などをいっしょに煮込んだ肉料理はとてもおいしいです。たとえば、鹿肉にはスグリなどのベリー類、豚肉にはアップル、兎にはアプリコットなどが定番です。魚介類にもぐっと脂がのって旬を迎えます。

　秋の果物として、ブラムリー種を中心としたアップルや洋梨、プラム、ぶどうなどを使ったパイやクランブルがよく登場します。これらの果物は近所でたくさん収穫できますので、登場する機会も増えるわけです。少し高級なレストランとなると、ブラックベリーを贅沢に使ったオータムプディングや英国式ショートケーキが印象深いですし、イギリスのイチジクはこれまたとてもおいしいのです。そして、家の庭にもよくなる果実の洋梨。これもまた秋の麗しい食材です。デザートでもお菓子でも、そのほのかなやさしい香りと、ほかの食材と合わせたときに邪魔にならない独特の魅力から、秋の食卓にふさわしい果実として使用されるのです。

　身近にある旬の食材を使った料理やお菓子なども、イギリスの食の楽しみ方の一つであると感じていただけたらうれしいのです。

BRITISH CAKE HOUSE

in

Christmas

・

ブリティッシュケーキハウスの
クリスマス

クリスマスプディングの下準備を始める頃、
ツリーやリースの準備も始まります。"永遠
の命の象徴"の常緑樹の深い緑の香り、ミン
スパイやクリスマスケーキを焼くオーブンか
らはスパイスの香りが立ち上り、クリスマス
ムードが高まります。クリスマスカードが1
枚、また1枚と届き、クリスマスまで続くお
楽しみのシーズンが始まります。

CHRISTMAS ARRANGEMENTS
クリスマスのしつらえ

クリスマスシーズンは、いつもよりも楽しんでいただきたい思いで準備をします。ツリーのオーナメントの飾りつけは子どもたちにも手伝ってもらい、キラキラと賑やかな雰囲気に。サンタクロースが来たときにもがっかりさせないように、ウェルカムなおもてなしの気持ちを最も表現できる季節です。

暖炉の前でシャンパンはいかがでしょう。銀のお盆に食前のア
ペタイザーをのせて。ナッツにオリーブ、魚介のアスピックに
スティルトンのコロッケ、スモークサーモンのカナッペを。

昼から始まるクリスマスディナーは、英国人の好きなジン＆トニックやドライマティーニ、ノンアルコールカクテルも。「Would you like something to drink?」が、宴のスタートの合図です。

79
Christmas

81
Christmas

CHRISTMAS TABLE クリスマスの食卓

クリスマス当日、街は厳かな雰囲気。
家では再会を喜び、プレゼントを交換します。
特別な日、アイロンをかけたクロスを敷き、
ふだんは使わない食器を出して
銀器やグラスを並べ、美しいテーブルを囲みます。

p.181
Roast Beef Salad with Kale
& Truffle Oil
ケールのローストビーフサラダ
トリュフオイルの香り

定番のローストビーフをサラダ仕立てに。苦みのある
新鮮なケールに贅沢なトリュフオイルの香りで、いつ
もより華やかな前菜に。

Crab & Beet Salad
蟹とビーツの前菜

クリスマスカラーの赤と緑、そして白
をひと皿に表現。蟹の風味とビーツの
甘みを生かして、シャンパンや食前酒
にも合わせやすい、コースの始めを飾
るにふさわしい大人の前菜です。

p.182
Cauliflower Flan & Soup
with Cheese Galette

カリフラワーのフラン＆スープ
チーズのガレット添え

ホワイトクリスマスをイメージした、美しい白の世界
観。冬野菜を使い、フランとスープの異なる食感で味
わいます。チーズのコクと香ばしさを添えて。

p.183

Roast Turkey
ローストターキー

オーブンで香ばしく焼き上げるジューシーなターキー。繊細な肉はナイフでカットして、たっぷりのソースやつけ合わせと。カリカリの英国式ローストポテトに食欲が湧きます。

ごちそうのローストは、テーブル上で家の主が切り分けます。クリスマスの晩餐料理を分け合い、一年の感謝と新たに始まる年への期待を込めて。

p.186

Christmas Flavoured Cheesecake
クリスマス風味のチーズケーキ

自家製のジンジャービスケットをベースにし、クリスマスの香り（ドライフルーツ、オレンジ、スパイス、洋酒）をきかせたチーズケーキのアレンジです。

p.184

Spicy Pear Meringue
スパイシーペアーメレンゲ

スパイス風味の洋梨のコンポートには、アニスのアイスクリームが。溶け合う甘さをココアの苦みで包み、サクサクのメレンゲ、アングレーズソースとともに。

p.187

Gingerbread Biscuits
ジンジャーブレッドビスケット

ジンジャーやシナモンなど香りの強いスパイスは魔除けの意味をもつことから、家族の無病息災を願って、ジンジャーブレッドビスケットをツリーに飾ります。

p.185

Pavlova
パブロヴァ

サクサクとした食感に焼き上げたメレンゲに、ホイップした生クリーム、季節のいちご、湯河原のキウイフルーツを合わせ、華やかなクリスマスカラーのデザートに仕上げました。

CHRISTMAS AFTERNOON at HOME

クリスマスの午後

おなかが満たされた午後は、
いつもよりゆったりと時間が流れます。
プレゼント交換やゲームで盛り上がったあとは
陽だまりのソファーでひと休み。
晴れた日は少し散歩に出て、デザートに備えます。

手作りのオーナメントは、アイシングで仕上げたジン
ジャーブレッドビスケット。新鮮なモミの木の香りと
スパイスのきいた甘い香りが、部屋と心を満たします。

p.185

Christmas Scones
クリスマススコーン

いつものスコーンをクリスマススタイルにアレンジして楽しみます。洋酒漬けのドライフルーツ、シロップ漬けオレンジピール、ミックススパイスを加えて。

クリスマスの香りがするスコーンと楽しむ、午後のティータイムも素敵です。ラムバターを添えた英国・湖水地方の食べ方で、新しいけれど懐かしい味わい。

92

93
Christmas

p.188

Strawberry & Cream Cheese
Swiss Roll

ストロベリー＆クリームチーズスイスロール

素朴なおいしさのスイスロールを、濃厚なチーズのク
リームでクリスマス仕様にアレンジしました。降り積
もる雪のような真っ白な世界を演出して。

p.189
Christmas Pudding
クリスマスプディング

英国のクリスマスディナーの締めくくりに欠かせない伝統的なプディングです。この日のために1カ月以上前から仕込みます。日が暮れて、火を灯す時間が楽しみです。

p.190
Mince Pie
ミンスパイ

p.191
Crumble Mince Pie
クランブルミンスパイ

紅茶のおともにはもちろん、シェリー酒にもよく合う英国のクリスマスを彩る重要なお菓子です。生地のなかにミンスミートを閉じ込めて焼き上げます。クランブルをのせたアレンジも。

p.191

Christmas Pudding Truffles
クリスマスプディングトリュフ

ディナーのあとにコーヒーを。クリスマスだけのお楽
しみ、クリスマスプディングをチョコレートに混ぜた
かわいいプディングトリュフをおともにして。

CHRISTMAS NIGHT

クリスマスの夜

外が暗くなったら照明を暗めに、
卓上のキャンドルに火を灯し、
クリスマスプディングを温めます。
それぞれの家の明かりと夜空の星を数えながら、
クリスマスの夜は静かに深まります。

薪がパチパチと音を立てる横で、クリスマスプディング
にブランデーを振りかけ火をつければ、今宵のクライマ
ックス。ミンスパイをおともにシェリー酒を飲みながら
大切な人と過ごすひとときが、一番のプレゼント。

Monthly
column
#3

Christmas

あっ、クリスマス。イギリスでそう感じる瞬間は、私にとっては香り。ロンドンの街は赤や緑、銀色や金色に輝いて、冷たい石畳の上を人々が足どり軽く、行き交います。ショーウィンドウには、クリスマスを演出するものが飾られていて、私もしっかり心が躍り、何か買わなければならない気持ちになります。そんな活気のある風景は、とてもよいものです。

　私は日本のバブル期に青年時代を過ごしたので、クリスマスというと華やかでウキウキした気持ち、童心を思い出します。最近の日本のクリスマスは昔にくらべると静かになっているようですが、それでもコンビニエンスストアやスーパーにはクリスマスケーキの大きなポスターが貼られていたり、街がイルミネーションで彩られたりと、まだまだ楽しみなイベントであることに変わりはないようです。

　クリスマスのお菓子といえば、日本ではクリームの上にいちごのったケーキが定番ですが、残念ながらイギリスではこのケーキは登場しません。多くのイギリス人にとってクリスマスのデザートというと、「クリスマスプディング」なのではないでしょうか。クリスマスケーキとクリスマスプディング。この二つはまるで別のものなのです。

Christmas クリスマスの英国菓子

　クリスマスプディングは、食後に食べる温かく蒸された（温められた）デザート（イギリスでのプディングはデザートの意味）で、食べる直前にブランデーなどをふりかけて火をつけるため、ブランデーの豊かな香りが特に印象的です。クリスマスケーキは、伝統的な茶色いフルーツケーキを砂糖のアイシングで覆ったイギリスでのウエディングケーキをイメージしたようなものなのです。

　この二つのケーキは食べるタイミングや味わい方も異なります。クリスマスプディングは食事のとき、クリスマスケーキはお茶の時間というとわかりやすいでしょう。

　ところがこの二つ、実はとても似ているのです。材料を見ると一目瞭然、共通した食材が多く含まれているのです。この共通した食材が、イギリスらしい香りを強く印象に残すのです。その香りとは、ドライフルーツの甘い香り、ブランデーなどの魅惑の香り、さまざまなスパイスの独特な香り、これにオレンジやレモンなど柑橘系の香りがあいまって、不思議な「そう、この香り」を構成していて、それこそが私にとってのクリスマスの香りなのです。イギリス人にとっては、懐かしい故郷や家、そして家族を思い浮かべるような、象徴的なアットホームな香りでもあるのです。

クリスマスプディングは、500年以上も前からあるイギリスの伝統的なプディングですが、元々は肉の入った食事だったようです。イエス・キリストが生まれた大切な祝福の日に、貧しかった人々も、当時はたまの贅沢として肉料理を味わっていたのです。木の実や穀物、天然の甘みであるドライフルーツも加えて、シチューとして味わった贅沢な料理でした。人々の暮らしが豊かになっていくなかで、さらにおいしくするためのスパイスなどがプラスされ、やがて砂糖が手に入るようになると、肉は料理として独立し、残された贅沢な味わいの甘いデザートがプディングとして独り立ちし、現在に至っているのです。食という人間の欲求のなかで、必然的に甘いものが贅沢品となる。お菓子とは、人間の欲求を満たす文化の成長の証といえるのかもしれません。

暖炉には、サンタクロースへのおすそ分けなのか、伝統的なクリスマスのお菓子、ミンスパイがおかれ、デキャンタにスイートシェリーやマデイラ酒が用意されます。アルコールのたまらなく甘い香り、暖炉の温もり、クリスマスツリーの緑の香りが充満し、愛らしいオーナメントの数々、そしてクリスマスカードが並ぶ空間はとても素敵で、クリスマスの安らぎの想い出として心に刻まれていくのだと思います。

Christmas   12月25日

イブではなく、25日に家族や友人と家で過ごすのがイギリスのクリスマス。お楽しみは定番のクラッカー（日本より大きな筒状のもの）から始まります。大きなクラッカーを両側から引っぱり合って、手元に大きく残った人が勝者として王冠を被るということを、真剣に子どもからお年寄りまで実行するのです。

それから、みんなでそれぞれのために用意したプレゼントを交換し、クリスマスディナー（ランチ）を楽しみます。卓上にはいかにも欧米のイメージどおりターキー（七面鳥）が供されることが多いのですが、ターキーではなく、ほかの料理の家もあり、最近では料理自慢の家族が腕をふるって高級レストラン顔負けの皿が並ぶなど、娯楽性と贅沢さが同居して、より豊かな演出で食卓を楽しむシーンも多くなったと思います。

友人同士のクリスマスなら、持ちよりのお菓子や料理を並べるだけでも特別な日になると思います。クリスマスプディングもスーパーで販売されているので、温め直して火を灯せば、大いに盛り上がります。そんな楽しいひとときのなか、テレビには王室からのスピーチが映し出されます。アットホームなクリスマスには、今年も無事に一年を過ごし、またみんなと集える喜びを感じ合い、幸福感を抱くのかもしれません。

BRITISH CAKE HOUSE

in

Winter

✦

ブリティッシュケーキハウスの

冬

　冬になると、湯河原でもイギリスさながらの
曇った空が広がる日も。窓からやさしい光が
さし込む部屋で、静寂に耳を傾けていたくな
る季節です。そんな少し寂しい季節だから、
温かな食事やお菓子で親しい友人や家族をお
もてなし。時間がある日は、一日じゅうお菓
子づくりに専念するのはいかがでしょう。春
を思いながら、冬の時間を楽しんで。

山の中腹にあるわが家からは、小さな町並みと海と空が見えます。冬の夕暮れの空は特にきれいで、紅と紺色のグラデーションに星を見つけます。英国・湖水地方に佇む家にいる気持ちで、いつもみなさまを迎えます。冬には、遠くに暮らす妻の父から薪が届きます。

TRADITIONAL BRITISH HOME COOKING

伝統的な
イギリスの家庭料理

豪華なセッティングをしなくても
不思議と満足感があるのは、
温もりのある家庭料理だからでしょうか。
伝統的なビーフ＆エールパイと赤ワインに、
大切な人たちとの語らいを添えて。

MAKE
BEEF & ALE PIE
ビーフ&エールパイをつくる

家庭でも簡単につくれるフレーキーショートクラスト生地を用意して、パイを手作り。切りとったパイ生地も張りつけて、じっくりと煮込んだ牛肉のシチューにしっかりとふたをします。愛らしいパイバードは、蒸気の逃げ道。生地が沈まない工夫でもあります。

p.192

Beef & Ale Pie
ビーフ＆エールパイ

PUBの定番メニューの一つ。牛肉のビール煮込みは
風味豊かで食べ応えもあるので、冬の温かなごちそう
です。オーブン焼きは家のなかまでホカホカにします。

p.195

Sticky Toffee Pudding
スティッキートフィープディング

イギリス人の大好きなプディング（デザート）です。濃厚で甘いデーツ（なつめやし）のソースとふっくらした生地を味わう贅沢感。ホイップクリームを添えて。

p.193
Fish Pie
フィッシュパイ

魚介の旨みを引き出した伝統的なパイ
料理は、マッシュポテトに覆われて、
食材を生かした滋味深いおいしさ。暮
らしのなかのささやかな口福です。

おもてなしの心が届くように

たとえそれが不完全であったとしても、すべてを
自分でやりきらないと納得できないのです。もし
粗相があっても、見て見ぬふりができる人たちの
美しい心にふれながら、いっしょに笑い話にでき
る安心感。それも、おもてなしの流儀。

MAKE
TOAD IN THE HOLE

トード・イン・ザ・ホールを
つくる

自家製ソーセージミートの旨みを引き出し、赤玉ねぎ
のオニオングレービーソースをつくります。ソーセー
ジミートからたっぷりあふれ出た脂を、生地に吸わせ
て焼き上げるのがおいしさの秘訣。すばやく生地を流
すと、ふわっと軽く焼き上がります。

p.194

Toad in the Hole
トード・イン・ザ・ホール

「穴のなかのヒキガエル」という意味のソ
ーセージ料理。うまく焼き上がったら、ヒ
キガエルは生地の穴に隠れます。オニオン
グレービーソースと温野菜を添えて。

p.196
White & Dark Chocolate
Roulade
ホワイト＆ダークチョコレートルーラード

パイでおなかがいっぱいでも、小麦粉を使わないルーラードはムースのような軽い口あたりで、思わず食べすすんでしまいます。アイスクリームを添えて。

わが家の棚には、あちらこちらに思い出の品を飾ってい
ます。それぞれに、"あの時"が刻まれています。紅茶を
飲みながら思い出す、いろいろな国でのさまざまな瞬間。
ふと懐かしい笑顔に出会いたくなります。

TRADITIONAL CAKES at BRITISH TEA HOUSE

英国ティーハウスの
素朴で格式高い伝統菓子

飾りけのない素朴な英国菓子は「茶色」。
華やかさ＝優雅ではなく、
人々の人生にそっと寄り添うような
心を積み重ねた時間が伝統となり、
その重さが格式として輝いているのです。

p.197
Victoria Sandwich
ヴィクトリアサンドイッチ

ティータイムのケーキといえば、やはりこのヴィクト
リアサンドイッチ。何度食べても飽きのこないおいし
さと安心感。どんなティーセットにも似合います。

118

なにげない日常のなかで、潤いのある穏やかな時間を過ごすなら、英国式ティータイムがおすすめ。だれかを招いてティータイムをするなら、自家製のお菓子は最高のおもてなし。定番はやはりヴィクトリアサンドイッチを、ミルクたっぷりの紅茶とともに。シンプルなテーブルセッティングでも、一気に英国スタイルに。

英国式ティータイムの
過ごし方

119

p.200

Lemon Drizzle Cake
レモンドリズルケーキ（左奥）

レモン果汁とグラニュー糖のシロップをしたたらせた
生地に、レモン風味のクリームをはさんだケーキ。ド
リズル＝滴るの意味どおり、シロップはたっぷりと。

p.198

Chocolate Fudge Cake
チョコファッジケーキ（左奥から二つめ）

チョコレートが大好きなイギリス人のお気に入り、チ
ョコファッジケーキは、ティールームでもPUBでも
よく見かける人気のケーキです。

BRITISH CAKES
英国ケーキいろいろ

冬の夜長にたくさんのケーキをつくってみました。ど
れもひと口ずつでも召し上がってみてください。きっ
とほしくなります、大切なおともが。英国のお菓子の
宿命は紅茶とともにあり、紅茶にもお菓子は欠かせま
せん。それこそが、英国ならではの文化なのです。

p.199

Coffee & Walnut Cake
コーヒー＆ウォールナッツケーキ

コーヒーの風味が生地やクリームに豊かな香りとコクを与え、くるみの軽い食感との組み合わせが絶妙なケーキ。ラム酒を使って大人の味わいに仕上げました。

p.201

Blondies
ブロンディーズ（左）

ダークチョコレートを使う茶色の「ブラウニー」に対し、ホワイトチョコレートを使ったブロンド色の「ブロンディーズ」は、やさしい風味で紅茶に合います。

p.201

Banana & Date Traybake
バナナ＆デーツのトレイベイク（右）

完熟バナナとデーツの甘みを生かした、素朴なおいしさ。トレイベイクとは四角いトレイを使った、切り分けやすい家庭的な焼き菓子のことです。

p.200
Rock Cake
ロックケーキ

スコーンと似ていますが、ロックケーキはそのまま食
べられる気軽な紅茶のおともです。岩のようにごつご
つ焼き上げるのが、香ばしさのポイントです。

英国カントリーサイドでは、ファームショップにたくさんの手作りパウンドケーキが並びます。左から、ライト＆シンプルフルーツケーキ、シードケーキ、マーブルケーキ、マデイラケーキ、ジンジャーブレッド、バラ・ブリス、マーマレードローフと、少し中身が異なると別の名のケーキに。みなさんもいつか食べくらべてみてください。英国菓子の素顔に出会えます。

125
Winter

Monthly
column
#4

Winter

ロンドンは、その街の魅力で世界中の人々を引き寄せています。しかし、真のロンドンの魅力である「食」については、理解されにくい側面があるようです。ロンドンでおいしいレストランは？と聞かれれば、多くの人がフィッシュ＆チップスやインド料理、中国料理などを連想するでしょう。なかなかイギリス料理は登場してこないのです。

雑誌や旅行ガイドブックの編集者は、イギリスらしい料理に出会えないから、アフタヌーンティーの記事を載せておこうとなったり、著名人がイギリスでは一日3食イングリッシュブレックファストを食べればよいと言っていたと記事にしたりするのがよくある流れでしょう。

イギリス料理は、イギリスの王室や貴族の文化を伴います。中産階級（ジェントリ層）の出現とともに、食文化として成長してきたのです。商業としてのレストランの確立は、イタリアやフランスにくらべて遅咲きです。やがてロンドンが商業の中心地となる時代を迎えると、多くの人がロンドンを訪れ、必然的に需要が高まり、ホテルのレストランを中心に食を提供しました。そして、その活況を聞きつけた外国人たちがロンドンでレストラン産業に進出し、さまざまな料理店が出現してきたというわけです。

December   美食のロンドン —ロンドンの真実の食—

ロンドンはさまざまな人種や国の文化が入り混じり、階層による嗜好も異なるため、多様な食のスタイルが存在します。スターシェフが生み出す最先端の料理や流行の話題を提供するレストランなど、すべてがロンドンの食といえます。つまり、イギリス料理とロンドンの食は別物。もし純粋なイギリス料理を知りたいのであれば、カントリーサイドのPUBやイギリスの伝統を重んじるマナーハウスを訪れるとよいでしょう。

イギリス料理は店ではなく、お屋敷で提供されることが一般的で、むしろお屋敷文化がイギリス料理の核を成しているといえるのです。イギリス料理に不可欠なものは、料理だけでなく、環境やしつらえ、そして何より客人をもてなす心にあふれ、楽しむことにほかなりません。シェフたちはフランスやイタリアで修業し、その影響も見られますが、それは単なる商業的なものではなく、家庭料理が重視され、手作りのお菓子や料理が愛の一環として表現されているのです。つまり、イギリスの食文化の奥深さや多様性、その真髄は「家庭」にあるのです。温かく心が満たされる一つの表現、手作りのお菓子や料理に、愛情に満ちた料理の本質を垣間見ることができるでしょう。

英国菓子には、土地の名前がついたお菓子があります。ベイクウェルタルトの「ベイクウェル」も実は地名です。ベイクウェルはイングランド中央部の北側のピークディストリクトという広大な国立公園のなかにある町で、特にランドマークがあるわけではありませんが、美しい風景が続き、岩や滝などすばらしい世界が広がっています。イギリス人はここを訪れるとフットパスをひたすら歩くのですが、最高の癒やし、贅沢なアクティビティーなのです。

　そんななかではずせないのは、「チャッツワース」という大邸宅です。建物や美術品のコレクションもすばらしいのですが、なんといっても広大な風景庭園が圧巻です。小川をせき止めて湖にしたり、元々あった村をそっくり移動させたり、風景に溶け込んでいるように見える木々も、すべてがデザインされた庭園なのです。圧倒され、そこからトコトコ歩いて疲れた頃にあらわれる町がベイクウェルです。お茶を飲みたくなりますし、甘いお菓子もほしくなります。そしてそこで食べるならベイクウェルプディング、持ち帰るならベイクウェルタルト。「ベイクウェルタルトはうちが本家だ」「いやうちが元祖だ」と闘っていたり。どこにでもある話ですね。

January

ささやかなよろこび ―お菓子と紅茶―

　だれにでも好まれる味。ふつうにおいしくて、おなかも心も満たされ、充実感や幸福感があるのです。歩き疲れてたどり着く町で、特別な材料や奇抜な工夫もなく焼き上がったお菓子の姿に、なにげない喜びをいつも以上に感じたのだと思いました。
　英国菓子には、そんな日常にあるささやかな喜びが潜んでいるのではないでしょうか。豊かさの象徴である、ささやかな喜びの時間を求めて。それがティータイムを大事にする彼らから学んだ、大切なことでした。

　この町から10マイルほど離れたところに、もう少し大きな「バクストン」という場所があります。実はこのバクストン、イギリスではよく知られた地名なのです。それはイングランドの多くのスーパーなどで、「バクストン」という発泡水が売られているからです。私は若い頃からこれが好きで、いつも携帯して飲んでいました。水自体に特別な味があるわけではないのですが、「あ、そうか！」と気づかされたことがありました。
　この水と出会ったのはロンドン。色みが澄んでいて、発泡力が強く、惹かれました。ただ、のどを潤したかっただけのはずが、実は、この水を生んだ風土・気候や大地の味わいに、いつのまにか惹かれていたのかもしれません。

128

英国菓子には魅力的な楽しみ方がありますが、種類によっていくつかのカテゴリーに分かれています。一つめは「スイーツ」。イギリスでスイーツといえば、キャンディーやトフィー、チョコレート、フラップジャックといった駄菓子を意味します。二つめは「焼き菓子」。タルトやパウンドケーキのように、ナイフ、フォークで切り分けて楽しむようなお菓子や、ビスケットなどの焼き菓子のことです。英国菓子といってイメージするお菓子はこの部類に属することが多いでしょう。イギリスのティータイムを彩るお菓子は焼き菓子のことが多く、アフタヌーンティーに提供されるお菓子も、ほとんどがここに属しています。そして、三つめは「プディング」で、こちらは日本でいうところのデザートになります。

　私にとって、ティータイムでとても印象的だった多くの経験は、一人で、あるいは友人と過ごす家やティールームの光景でした。それはいずれも、日常のなかにあるということ。いつもの私の延長にあり、特別ではないけれど、少し立ち止まって、時間がゆるやかに過ぎゆくことに豊かさを感じ、なにげない光景が想い出の風景画となって刻まれているのだと思います。

February　スイーツ、焼き菓子、プディング ―英国菓子の魅力―

　そんな自分の心のなかにある絵画館を巡ると、やさしくて温かな想い出にあふれています。その頃に抱いていた孤独や不安、哀しみであったり、夢や希望であったり。本や音楽、だれかの笑顔や言葉に支えられて勇気をもらったり、また、時として自分がだれかを支えたり。そして、もう二度と会えない人との思い出が刻まれていたり、成長した自分があの頃の私に大丈夫だよと声をかけてあげたいと思っていたり。

　英国菓子の色や形は、私たちの無垢な姿を思い出させてくれるのかもしれません。また、だからこそイギリスの家では、古い時代の面影を残し続けるのでしょうか。ぜひ、このささやかなお菓子といっしょに、楽しい時間と思い出の瞬間を刻んでいただけたらうれしいです。

　静かなお茶時間を過ごすことで、かつての自分や大切な人々との懐かしい瞬間を思い出し、それに気づくことができればすばらしいですね。そして、新しく刻まれるそのお茶時間が、将来あなたの心に浮かぶときに、また新たな幸福感や喜びを届けられることを、心より願っています。

BRITISH CAKE HOUSE
in
Spring
◆
ブリティッシュケーキハウスの
春

窓を開けると、やわらかな桜色の風が部屋に
入ってきます。まばゆい春の光があふれんば
かりに降り注ぎ、草木や花々の生命の息吹が
やさしく、力強く、屋外へと誘います。新し
い物語が始まる季節です。イギリスでは春の
兆しをスノードロップやクロッカスで感じま
すが、湯河原では梅の香りで感じるのです。
やがて、桜が春を祝います。

RESTAURANT

oz1024

家の前には、大きく腕を広げて咲き誇る桜があります。高台に上がれば、眼下に町が広がります。電車や車が通り、季節が巡る音まで聞こえてきそう。美しい春は、新しい生活が始まるとき。30年ほど前、イギリスへ旅立つときに電車の車窓からわが家が見え、期待と不安で胸がいっぱいになったことを今でもときどき思い出します。道に迷いそうになったら、この木の下に戻ってくればいいのです。そしてまた、歩きだせばいいのです。

133

SPRING AFTERNOON TEA

春のアフタヌーンティー

　陽だまりのなかで、春のそよ風を感じながら過ごす午後のティータイムは、前向きな希望に満ちています。自然の恵みを五感で味わうと、いつもは気づかないけれど、すぐ側に寄り添ってくれている生命への、感謝の気持ちがわいてくるのかもしれません。

　テラスにテーブルを置いてクロスを敷き、満開の桜の花を眺めながら楽しむ、春にぴったりのお菓子を並べます。今日の主役は、湯河原産の春レモンを使ったレモンヴィクトリアサンドイッチ。ティーカップにアールグレイを注ぎ、お菓子を味わい紅茶を口に含めば、自然が私たちを祝福してくれているように感じるかもしれません。

　家から外に出て、空の下でお菓子とともにティータイムをしてみてください。たとえ小さな庭であっても、どんな高級ホテルよりもすばらしい心地よさに出会うことでしょう。

　より極上にするには、手作りのお菓子やおいしい紅茶、しつらえ、ともに過ごす大切な人がそろっていれば、それだけで充分。アフタヌーンティーとは、主人公のあなたが「喜んでもらいたい」「楽しんでもらいたい」という思いをだれかにプレゼントする時間です。

バリエーション豊かな
イギリスのサンドイッチ

イギリスと日本とで大きな差を感じるのは、サンドイッチのおいしさです。日本のサンドイッチは、見た目はいいのだけれど……。イギリスでは、おいしいサンドイッチに出会う機会が多いと思います。そんな英国式サンドイッチは、ひと言でいうと質実剛健。派手さはなく、実に味わいがあります。

e

a

p.204

Cucumber & Herb Cream Sandwich

キューカンバー＆ハーブクリーム
サンドイッチ（b）

英国のアフタヌーンティーといったらはずせないの
が、キューカンバーサンドイッチ。ハーブの風味を
加えたクリームチーズを合わせて。

p.202

Smoked Ham & Chutney Sandwich

スモークハム＆チャツネサンドイッチ（c）

イギリスではハムやチーズにチャツネを添えて楽し
みます。ハムの塩けにチャツネの複雑な甘み、スパ
イスが香ります。

p.203

Coronation Chicken Sandwich

コロネーションチキンサンドイッチ（d）

エリザベス2世の戴冠式の昼食会のために考案され
たとされるコロネーションチキン。カレー風味のチ
キンにレーズン、チャツネの甘みがアクセントです。

p.203

Roast Beef, Wasabi Flavoured Sandwich

ローストビーフ、わさび風味のサンドイッチ（e）

西洋わさび（ホースラディッシュ）の代わりに日本
のわさびでピリッとした刺激をプラスしました。ス
ライスしたトマトのフレッシュ感もよく合います。

p.202

Egg Mayonnaise & Watercress Sandwich

エッグマヨネーズ＆クレソンサンドイッチ（a）

サンドイッチの定番、エッグマヨネーズ。クレソン
を合わせるのが英国の定番です。トマトやベーコン、
サーモンなどもよく合います。

p.204

Salmon & Sour Cream Sandwich

サーモン＆サワークリームサンドイッチ（f）

スモークサーモンと相性のよいサワークリームを合
わせて。ペースト状にしたフィリングは刻んだ玉ね
ぎ、ディルがアクセントになります。

WELCOMING at HOME AFTERNOON TEA

家庭でもてなす午後の紅茶

「お菓子を焼いたから、いらっしゃらない？」
「週末、時間があったら、家に来ない？」
趣味でお菓子を焼くのも素敵、
気分転換のためにケーキを焼くのもいい。
そこに、お菓子と紅茶があればいいのです。

桜の木が目の前に見える窓際が、わが家の春の特等席。
小さな花があしらわれたピンクのクロスといちごのお菓
子で、テーブルの上でも春を満喫。窓の外の桜を見なが
ら、心ゆくまでゆっくりと過ごしましょう。

p.206
Strawberry Meringue Kisses
ストロベリーメレンゲキス

ひと口サイズの焼きメレンゲを「メレンゲキス」と
呼びます。桜色に焼き上げ、いちご入りのクリーム
をサンド。口いっぱいにいちごの香りが広がります。

144

p.205

Strawberry Sponge
ストロベリースポンジ

ストロベリーシーズンのとっておきの食べ方。バタ
ーが香るプレーンな生地の風味と、ホイップしたク
リームとフレッシュいちごがとてもよく合います。

p.207
Sherry Trifle
シェリートライフル（右）

イギリスのコールドプディングの代表格、シェリートライフルを小さなグラス仕立てにしました。赤く透けるようなゼリーといちごが春を感じさせます。

p.206
Strawberry Cupcake
ストロベリーカップケーキ（左）

アフタヌーンティーにかわいらしさを添えるカップケーキ。ストロベリーパウダーを加えた甘酸っぱいクリームに、砂糖でつくった小花をトッピング。

p.208
Mini Battenberg Cake
ミニバッテンバーグケーキ（手前）

ピンクとイエローの生地が春を連想させる、バッテンバーグケーキ。英国ではポピュラーな、紅茶に合うお菓子。アフタヌーンティーには小さめに。

p.197
Lemon Victoria Sandwich
レモンヴィクトリアサンドイッチ

湯河原産の春レモンを使ってつくりました。レモンの
皮をヴィクトリアサンドイッチの生地に入れ、果汁は
レモンカードにし、バタークリームとサンドして完成。

147
Spring

p.209

Bakewell Tart
ベイクウェルタルト

英国中部の町・ベイクウェル発祥のお菓子。生地の
ラズベリージャムの酸味とアーモンドエキストラク
トがよく合う、納得のおいしさです。

いそがしいという言葉に紛れ、気づかぬうちに月日が流
れ去るなかで、ふと窓の外に咲く花を目にすると、自分
をとり戻せるかもしれません。四季の風景は、私たちよ
りずっときちんと時を刻んでいます。

149
Spring

p.210
Date Scones
デーツのスコーン（中）

デーツを加えることで、黒糖のようなコク
と風味を生地にプラスしてくれます。自然
な甘みなので、クリームや好きなジャムに
もしっくりとなじみます。

p.210
Buttermilk Scones
バターミルクスコーン（右下）

イギリスではバターミルクも簡単に手に入
るので、もっちりとした食感がほしいとき
によくつくるレシピです。ヨーグルトと牛
乳でも代用できます。

150

スコーンの魅力

イギリス式のスコーンを食べるのは少しめんどうです。なぜなら、
スコーンを温め直して、クロテッドクリームやバター、ジャムを添
えなければならないから。そして、完成させるには紅茶をいれなけ
ればなりません。けれども、好きなジャムや紅茶と合わせて、自由
にカスタマイズできる素直なおいしさこそスコーンの魅力。

151
Spring

DAILY WALK 日々の散歩
with
MY WIFE

　道はこの先どこへ……。

　だれもが夢を見る未来への希望と、挫折への恐れ。その先に絶景があるかもしれず、また、その道が続くとは限らず。ときどき思い出すのは、軽井沢の山のなかで、ふたりで透明な氷の世界に閉ざされた冬の道を歩きながら、はかない夢のことを語り続けていたこと。

　それでもふたりでいたから、吹雪で道が埋もれても、明日が来ることを信じていたのだと思います。

　菜の花が咲くこんなに暖かな道を歩ける日が来るとは思いませんでした。毎日歩く散歩道は、私たちの"会議室"でもあり、話は尽きません。いそがしい日でも、なるべく歩く時間をつくれるように努力しています。これまで歩いてきた道を糧に、この先に私たちが創りたい道を思い描きます。英国菓子や料理を通じ、ともに語らう場所を守り、迎え入れるわが家を未来への茶室として、私たちの道をお伝えしていきたいと思うのです。

　暖かな日ばかりではなく、ときに耐え忍ぶ寒い日もあると思います。それでも巡る四季を愛でる志を、明日の希望として歩き続けます。春の穏やかな温もりに包まれる、晴れた日を夢見ながら。

私たちが暮らす湯河原は小さな
町ですが、海も山も川もあり、
一年じゅうどこを歩いても楽し
いのです。それは自然が身近に
あり、四季を五感で味わえるか
ら。もし私たちに会いに来てく
ださるとしたら、四季で変化す
るこの風景もいっしょにお楽し
みください。

154

155
Spring

Monthly
column
#5

Spring

イギリスの春は、冬の寒さや暗さからの解放を感じる瞬間に始まります。

　朝、家を出るときには街の灯りがなく、まわりに草花が咲き始めると、春はもうすぐ。私が初めてイギリスを訪れたのは、冬から春に向かう、冷たさと暖かさが入り混じるこの季節でした。青空と黄色に染まる菜の花畑の風景を体と心で感じた体験は鮮明で、その息吹、萌える生命力が、空気の色彩まで変化させるほどに身近に感じられ、生きているという実感がそこかしこにちりばめられているようでした。

　そして、3月にはイースターがやってきます（4月になることも）。イースターは、田舎ではレストランも宿もお休み。地元に帰って、家族と過ごしたりします。イースターのお菓子で有名なのはパンケーキ、シムネルケーキ、ホットクロスバンズでしょうか。イギリスのパンケーキは、クレープのような薄い生地に砂糖やレモンを振りかけて食べるもので、レント（断食期間）の始まる前日、シュローブチューズデイ（パンケーキデイ）に食します。ホットクロスバンズは十字架のかかる魔除けパンとして、グッドフライデー（イースターサンデーの前の金曜日）に食します。イースターの英国菓子として知られているシムネルケーキは、マザーリングサンデー（レント期間の第4日曜日）、つまり「母の日」に里帰りした娘たちがみやげとして持ち帰って食べたといわれています。

March

イギリスの春 —イースター—

　実はマザーリングサンデーは、マザーズデイ（母の日）と本来は異なるのです。イギリスのマザーリングデイのマザーとは、マザーチャーチ、つまり「自身が洗礼を受けた故郷の教会」を意味するのです。イースターの行事として、マザーチャーチに戻って礼拝をする。これが里帰りをして家族で過ごすもととなった習慣というわけです。家族が集い、その時間を楽しむとなれば、不可欠なのがティータイム。おいしい紅茶と英国菓子なのです。それは子どもの頃からの楽しく温かだった家族とのだんらんの象徴となり、イギリスの春のお祭り、イースターは、暖かな春風と太陽の光のなか、家族と過ごす大切な日となっていったのです。

　処刑されたキリストが復活する日、草花や農作物を育む春の太陽が新たなシーズンの到来を告げ、生命が息吹き始める。生まれること、生きること、家族がいること、そして祝いごとも苦しみも、そして死までも、人生とともに寄り添う教会は、母と同じように、懐が大きいのでしょう。

　イースターは、母の大きく包み込んでくれる温もりと思い出、そして、そっとそのままでいてくれる美しい故郷そのものなのかもしれません。

イギリスをドライブするにはどの季節がおすすめかというと、春から初夏にかけてが最高です。あふれんばかりの花々が車窓に広がり、どこまでも続く黄色のパッチワークの菜の花畑は圧巻。木々には愛らしく美しい花々が咲き誇り、鮮やかな新緑の芽が彩りを添えます。生き生きとした草むらでは羊や馬たちがたわむれ、道路脇からは兎たちが顔を出し、木々の生垣にはリスが遊び、水仙やクロッカス、そして初夏には一面に咲くブルーベルに至るまで、ほんとうに美しいのです。

　小さな村々を結ぶ道を走っていると、家々の前には小さな看板が出ています。車を停めて看板を見ると、「OPEN GARDEN」と記され、日時が書かれています。みなさんに庭（家）をお見せする日がある、と記されているのです。
　イギリスは実にガーデニング大国で、年に一度、3月に発刊される「イエローブック」という日本の電話帳のように分厚い本があり、これを手にいろんな家々のガーデン巡りを楽しむのです。この本に掲載されるには地域管轄の厳しい検査に合格しなければならず、アマチュアガーデナーにとっての夢、もうすぐ創刊から100周年を迎える、イギリスらしい本なのです。

April　　　　春のカントリーサイド ― OPEN GARDEN ―

　実際に庭を訪れてみると、それはそれは圧巻で、その情熱からあらためてイギリス人のガーデンへの思いを感じます。人々が自然に手を加え、美しいと感じる世界観をそれぞれが創り上げて表現しています。自然相手ですから、思いどおりにはいきません。風土、気候やその年の気象条件もありますし、また、先人たちから継がれてきた知恵を活用して自然と共存する表現の世界なのです。

　おもしろいのが、OPEN GARDENのメインイベントとして楽しむガーデンティー。入場料として、ティータイム券を買うのです。手作りのお菓子と紅茶をいただきながら、話も花盛り。ガーデンティーの入場料や、苗木を売ったお金をガーデニングの資金にしたり、寄付したり、その活動もうれしさや満足感も、みんながつながっているように感じ、時間を重ね合うコミュニケーションの場なのです。
　人々が満足感を得るのは、こんなささやかな日々のなかで過ごす、営みの時間ではないでしょうか。自ら創り出すものと、それを心から楽しめる環境のなか、おいしい、美しいと思う純粋な心にふれるときに湧き出すのが幸福感であり、日本で私がなんとなく腑に落ちなかった欲望への違和感が何だったのかをイギリスで学んだように思います。

イギリスのふつうの人々の食卓というと、どのような風景を思い浮かべるでしょうか。イングリッシュブレックファストという豪華な朝食かもしれません。でも、実際には毎日食べるわけでもなく、なんといってもだれかがつくらなくてはならないし、材料費もかかってしまいます。実は、朝の貴重な時間には、サッと簡素な朝食が一般的なのです。薄くスライスしたパンをこんがりとカリカリに焼いたあと、さらに薄くつぶす感じでバターを塗って、マーマレードやジャムをのせたりします。そして、たっぷりミルクの入ったミルクティー。このトーストと紅茶の香りこそ、イギリスの朝そのものに感じられると思います。

朝食の大切なアイテムとして、ジャムやマーマレードがあります。はちみつやレモンカードも定番ですが、私たち日本人に馴染みのないものがレモンカードです。レモンの酸味と香りがたまらず、朝にぴったりの爽やかで心地よい甘さなのです。そして、海苔の佃煮のようなものがイギリスでも食べられていることをご存じでしょうか。それも、なんとパンに塗って食べるのです。日本と違ってしょう油の味はなく、なんだか不思議な薄い塩味の食べ物ですが、ウェールズの一部の地域には習慣として残っていて、地方名物として提供しているところもあります。なんだか親近感を感じますよね。

May

日常の風景 —イギリスの食卓を彩る—

イギリスの農園の入口には、季節によって専門店が登場します。春だと、代表的なのはアスパラガス。年に2週間くらい、直売所があらわれます。そこでみなさんにお伝えしたいのが、驚きの「アスパラゆで器」。細長い筒状のもので、アスパラを立ててゆでるためのこだわりの器具だそうです。これこそ、この季節が来たぞ、と家庭で旬を楽しむための平凡な日常への願いを込めたキッチン用品なのかもしれません。

そして、ウィンブルドンでも有名ないちご。イギリスでは露地栽培が一般的なので、初夏が旬です。P.Y.O.といって、自分で畑のいちごを収穫し、はかり売りする農園があちらこちらに登場します。いちごに限らず、ほかの果物や野菜も登場します。

そして、チェリー。もちろん新鮮でジューシーなのですが、イギリスには旬に収穫した果物を英国菓子や料理として、また、ジャムにして保存するなど、きっちりと愛でる知恵が息づいています。

食卓の彩りとは、高価な食器や銀器を並べることだけではないのです。旬の食べ物と、それを美しく彩る庭先に咲く花。自然にある美しいものと、おいしいお菓子や料理、それらの卓上に灯る明かりが、心が集う食卓の彩りとなるのです。

FOUR SEASONS' RECIPES

四季のレシピ

p.18　Asparagus & Smoked Salmon Tarts
アスパラガスとスモークサーモンのタルト

材料（直径6cmのタルト型4個分）

〈ショートクラストペストリー〉
　（つくりやすい量）
　薄力粉……100g
　バター（食塩不使用）……50g
　塩……1g
　冷水…大さじ1½
〈フィリング〉
　じゃがいも……1個
　バター（食塩不使用）…大さじ1
　牛乳……大さじ3
　チェダーチーズ……20g
　塩……適量
〈仕上げ〉
　アスパラガスの穂先……4本分
　スモークサーモン……適量

準備
・ショートクラストペストリー用のバターは使う直前まで冷蔵室で冷やす。
・じゃがいもは皮をむいて適当な大きさに切り、ゆでる。
・アスパラガスはゆでる。
・チェダーチーズはチーズおろしなどでおろす。

作り方

1　ショートクラストペストリーの生地をつくる
　①大きめのボウルに粉と塩をふるい入れる。
　②バターを加え、スケッパーで切るようにこまかくし、両手をすり合わせるようにし、粉チーズ状にする。
　③中央にくぼみをつくって冷水を入れ、スケッパーで切るようにして全体に水分を行き渡らせる。生地の状態を見て、水分が足りないようならさらに冷水をかげんしながら加える。
　④生地をひとまとめにしてラップで包み、冷蔵室で30分ほどやすませる。その間にオーブンを180度に予熱する。

2　ショートクラストペストリーの生地を焼く
　①生地を冷蔵室から出し、打ち粉（分量外）をした台にのせ、めん棒で1.5mm厚さにのばし、直径7cmの丸型で抜く。直径6cmのタルト型に敷いて型からはみ出た部分は切りとり、フォークで底に穴をあける。
　②生地にクッキングシートを敷いてタルトストーンなどの重しをのせ、180度のオーブンで15分ほど焼く（7〜8分たったら重しをはずす）。

3　フィリングをつくる
　①ゆでたじゃがいもの湯をきり、マッシャーかフォークなどでつぶす。
　②小さめの鍋にバターを入れて弱火でとかし、牛乳を加えて温め、①を加える。
　③木べらなどでなめらかになるまでよく混ぜ、仕上げにチェダーチーズを加えて混ぜ、塩で味をととのえる。

4　仕上げる
　焼き上がった生地にフィリングを詰めてアスパラガスを立て、まわりにスモークサーモンを巻きつける。

相性のよいスモークサーモンとじゃがいもにチェダーチーズの塩けを加え、アスパラガスの穂先で季節の味覚と大地からの芽吹きを表現します。市販のポテトサラダを使っても手軽に楽しめます。

p.18 Seasonal Onion Blanc-manger
新玉ねぎのブランマンジェ

材料 (小グラタン皿4個分)

新玉ねぎ……100g
オリーブオイル……小さじ½
牛乳……50mL
生クリーム……50mL
板ゼラチン……2g
塩……適量

準備
・板ゼラチンは冷水でもどし、水けをきる。

作り方

1 新玉ねぎは繊維を断ち切るように薄切りにする。

2 鍋にオリーブオイルと1を入れ、塩少々を加えて色がつかないように弱火でていねいに炒める。

3 しんなりとしたら牛乳、生クリームを加え、弱火で軽く煮る。

4 ブレンダーでなめらかにし、もどした板ゼラチンを湯せんにかけてとかしたものを加えて混ぜ、こしてボウルに入れ、氷水にあてて冷やす。塩で味をととのえ、器に分け入れ、冷蔵室で冷やし固める。仕上げに、好みでセルフィーユ(写真)やイタリアンパセリを飾る。

ゼラチンを加えず、冷製スープとしても楽しめます。

p.18 Asparagus & Tuna Sandwich
アスパラガスとツナのサンドイッチ

材料 (4切れ分)

食パン(サンドイッチ用)……2枚
(写真では1枚は白い食パン、
1枚は全粒粉の茶色い食パンを使用)
アスパラガスの茎……4～5本
バター……15g
〈ツナペースト〉
　ツナ(オイル漬け)……小1缶(70g)
　マヨネーズ……大さじ1
　新玉ねぎ……約⅛個
　レモン汁……少々
　塩……少々
　こしょう……少々

準備
・アスパラガスは下のかたい部分を切り落として薄く皮をむき、穂先の⅓(左ページで使用)を残して、ほかはゆでて水けをきる。
・新玉ねぎは横半分に切って薄切りにする。
・バターは室温にもどす。

作り方

1 ツナペーストをつくる
①ツナは缶汁をよくきってボウルに入れ、しっかりほぐす。
②マヨネーズを加えてなめらかになるまでよく混ぜ、ペースト状にする。
③新玉ねぎを②に加え、レモン汁、塩、こしょうを加えてまぜる。

2 仕上げる
①食パンにバターを塗り、1枚にツナペーストの半量を広げ、アスパラガスを均等に並べる。
②残りのツナペーストを隙間ができないように広げ、もう1枚の食パンを重ねる。
③耳を切り落とし、アスパラガスの断面が見えるように4等分にカットする。仕上げに、好みで貝割れ菜の穂先を飾る。

p.19 Orange Curd Tarts
オレンジカードタルト

材料（直径6cmのタルト型8個分）

〈パート・シュクレ〉（つくりやすい量）
　薄力粉……200g
　バター（食塩不使用）……100g
　粉糖……60g
　卵黄……1個分
　塩……0.5g
〈ジェノワーズ〉
　（15cm×20cmの型1台分）
　※市販のカステラやスポンジ生地でも代用可
　全卵……1個
　グラニュー糖……30g
　薄力粉……30g
　バター（食塩不使用）……10g
〈フィリング〉
　オレンジジュース……50mL
　レモン汁……3g
　バター（食塩不使用）……50g
　全卵……50g
　グラニュー糖……50g
　板ゼラチン……1g

準備
・パート・シュクレとジェノワーズ生地
のバターは室温にもどす。
・ジェノワーズのバターは湯せんにかけ
てとかす。

作り方

1　パート・シュクレをつくる
①バターをボウルに入れて、ゴムべらでなめらかにし、塩と
粉糖を加え、ふんわりするまでかくはんする。
②卵黄を加えて混ぜたら、薄力粉を3回に分けてふるい入れ
る。ゴムべらで、1回めはペースト状になるまでよく混ぜ、
2回め、3回めはさっくりと切るように混ぜる。
③生地をラップで包み、冷蔵室で30分以上冷やす。冷やし
ている間にオーブンを160度に予熱する。
④生地を冷蔵室から出し、打ち粉（分量外）をした台にのせ、
めん棒で2mm厚さにのばし、直径8cmの丸型で8個抜く。
⑤6cmの型に敷いて型からはみ出た部分は切りとり、フォー
クで底に穴をあけ、160度のオーブンで8〜10分、色づくま
で焼く。

2　ジェノワーズをつくる
①型にクッキングシートを敷き、オーブンを180度に予熱す
る。
②ボウルに全卵とグラニュー糖を入れ、湯せんにかけて人肌
まで温めたら湯せんからはずし、ハンドミキサーでもったり
するまでかくはんする。
③薄力粉を一度にふるい入れ、ゴムべらで切るように混ぜる。
④バターを一度に加え、混ぜる。
⑤型に流して均一に広げ、180度のオーブンで8〜9分焼く。
⑥焼き上がったら型からはずし、冷ます。

3　フィリングをつくる
①板ゼラチンは冷水でもどして水けをきる。
②鍋にオレンジジュース、レモン汁、1cm角に切ったバター
を入れ、中火にかけてバターをとかす。
③ボウルに全卵、グラニュー糖を入れ、泡立て器で混ぜる。
④②を③に注ぎ入れ、よく混ざったら鍋に戻して弱火にかけ、
木べらで絶えず混ぜる。
⑤とろみがついたら火からおろし、水けをきったゼラチンを
加えて混ぜ、ボウルにこし入れる。ボウルを氷水にあててゴ
ムべらで混ぜながら冷まし、適度なとろみをつける。

4　仕上げる
①焼き上がって冷ましたパート・シュクレに、フィリングを
半分の高さまで入れて、4cmの丸型で抜いたジェノワーズを
のせ、縁までフィリングを入れる。
②冷蔵室で冷やし固め、型からはずしたら、とかしたホワイ
トチョコレート（分量外）で飾りつける。

p.19 Banoffi Mousse
バノフィムース

材料 (小グラス約12個分)

〈 ショートクラストペストリー 〉
　p.162参照
〈 トフィーソース 〉
　バター(食塩不使用)……30g
　生クリーム……30g
　ブラウンシュガーまたはきび砂糖
　　……37g
〈 バナナムース 〉
　バナナ……80g(正味)
　グラニュー糖……18g
　牛乳……20mL
　板ゼラチン……2g
　生クリーム(47%)……90g
〈 仕上げ 〉
　生クリーム……100mL
　グラニュー糖……5g
　ココアパウダー……適量

準備
・ショートクラストペストリー用のバタ
ーは、使う直前まで冷蔵室で冷やす。
・オーブンは180度に予熱する。
・バナナムース用の生クリームは八分立
てにし、冷蔵室で冷やす。
・板ゼラチンは冷水に入れてもどし、水
けをきる。

作り方

1　ショートクラストペストリーの生地をつくる(p.162参照)

2　ショートクラストペストリーの生地を焼く
　生地を冷蔵室から出し、打ち粉(分量外)をした台にのせ、め
ん棒で2mm厚さにのばし、180度のオーブンで軽く色づくま
で焼き、冷ます。

3　トフィーソースをつくる
　①鍋にすべての材料を入れて中火にかけ、木べらで混ぜる。
　②弱火にして軽く煮詰め、鍋底を水につけ、冷ましておく。

4　バナナムースをつくる
　①ボウルにバナナ、グラニュー糖、牛乳を入れ、フォークな
どでなめらかになるまでつぶす。
　②水けをきったゼラチンを小さいボウルに入れて湯せんでと
かし、①に加えてよく混ぜる。
　③生クリームを3回に分けて加え、ゴムべらで切るように混
ぜる。
　④グラスの¼〜⅓の高さまで③をしぼり入れ、冷蔵室で冷
やす。

5　仕上げる
　①生クリームとグラニュー糖をボウルに入れ、氷水にあてな
がら泡立て器で泡立てる。
　②4のムースに3のトフィーソースをしぼり、砕いたショー
トクラストペストリー60〜70gを等分にのせる。
　③泡立てた生クリームをしぼり、ココアパウダーを振りかけ
る。

バナナとトフィーを使った「バノフィパイ」をムース仕立て
にして、夏ならではの冷たく食べやすい食感に仕上げました。
ショートクラストペストリーの代わりに市販のグラハムビス
ケットなどを使うと、手軽につくれます。

p.19 Matcha Meringue Shortbread
抹茶メレンゲショートブレッド

材料（22〜24枚分）

〈 ショートブレッド 〉
　薄力粉……88g
　バター（食塩不使用）……50g
　グラニュー糖……30g
　塩……0.5g
〈 抹茶メレンゲ 〉
　卵白……18g
　グラニュー糖……18g
　抹茶……2.5g
　粉糖……15.5g

準備
・バターは1cm角に切り、冷蔵室で冷やす。
・オーブンは160度に予熱する。
・抹茶メレンゲをつくるときには、オーブンを100度に予熱する。

作り方

1　ショートブレッドをつくる
①ふるった薄力粉、塩、バターをボウルに入れ、スケッパーで切るようにこまかくする。
②指先をすり合わせるようにして粉チーズ状にする。
③グラニュー糖を加えて混ぜ、しっとりとした状態になったらひとまとめにする。
④打ち粉（分量外）をした台にのせ、めん棒で5mm厚さにのばし、型で抜く（このあと冷蔵室で冷やすと、焼いたときに型くずれしにくい）。
⑤160度のオーブンでうっすらと色づくまで10分ほど焼く。
⑥焼き上がったら金網にのせ、冷ます。

2　抹茶メレンゲをつくる
①ボウルに卵白を入れ、泡立て器でボリュームが出るまでかくはんし、グラニュー糖を3回に分けて加え、そのつどしっかり泡立てる。
②抹茶と粉糖をふるい入れ、ゴムべらで切るように混ぜる。
③星口金をつけたしぼり出し袋に入れ、1のショートブレッドにしぼり、100度のオーブンで30〜40分焼く。

p.22 Plain & Orange Scones
プレーンスコーンとオレンジのスコーン

材料（直径5.2cm 10個分）

薄力粉……225g
オレンジピール（砂糖煮）
　……15g
ベーキングパウダー……8g
塩……少々
バター（食塩不使用）……50g
グラニュー糖……50g
生クリーム……60mL
牛乳……60mL

準備
・バターは1cm角に切り、冷蔵室で冷やす。

作り方

1　薄力粉とベーキングパウダー、塩をボウルにふるい入れてバターを加え、スケッパーで切るようにこまかくし、両手をすり合わせるようにして粉チーズ状にし、グラニュー糖を加えて2等分し、それぞれボウルに入れる。一つにはオレンジピールを加え混ぜる。
2　それぞれに生クリームと牛乳を合わせたものを半量ずつ、生地がひとかたまりになるまで調節しながら加える。
3　打ち粉（分量外）をした台にのせ、なめらかになるまで練る。生地をひとまとめにし、冷蔵室で30分ほどやすませる。
4　生地を台にのせ、めん棒で2.5cm厚さにのばして丸型で抜き、クッキングシートを敷いた天板に並べる。
5　30分冷蔵室でやすませ、その間にオーブンを180度に予熱する。生地の表面にときほぐした全卵（分量外）を塗り、オーブンで12〜15分焼く。

p.22 New Summer Orange Marmalade
ニューサマーオレンジのマーマレード

材料 (つくりやすい量)

ニューサマーオレンジ……3～4個
グラニュー糖……下処理後の皮と果肉の
　重量の60～70%
ペクチン……グラニュー糖150gに対し
　て1.5g(小さじ½)

準備
・ニューサマーオレンジは、塩で皮をこ
するようにして、よく洗う。

作り方

1　ニューサマーオレンジは上下
　を切り落とし、ナイフで皮を
　むく。
2　皮を好みの幅のせん切りにしたらざるに入れ、水の中でもむ
　ようにし、水をとりかえる。これを2回くり返す。
3　たっぷりの水とともに中火にかけ、煮こぼす、を2～3回く
　り返す。
4　水けをきり、新しい水にとりかえて、ひと晩水につける。
5　果肉はまわりの白い部分をとり除き、薄皮ごと粗く刻む。
6　水けをきった4の皮と果肉の重量をはかってグラニュー糖を
　用意し、それに応じたペクチンを合わせる (たとえば皮と果
　肉の合計が300gなら、グラニュー糖は180～210g、ペクチ
　ンは1.8～2.1g)。
7　鍋に皮と果肉を入れ、6を⅓程度と、皮と果肉の半分程度の
　高さまで水を加え、中火にかける。ときどき木べらでかき混
　ぜ、残りの6を2回に分けて加える。
8　軽いとろみがついたら、火からおろす。

───────────────

ペクチンを使わない場合、オレンジの種は洗わずにとってお
き、お茶出しパックやガーゼで包んで7でいっしょに煮ても
よい (種にペクチンが含まれているため)。

p.22 Lemon Curd
レモンカード

材料 (つくりやすい量)

レモン汁……30mL
バター(食塩不使用)……35g
全卵……1個
グラニュー糖……50g

作り方

1　鍋にレモン汁と1cm角に切っ
　たバターを入れ、中火にかけ
　てバターをとかす。
2　ボウルに全卵とグラニュー糖を入れてよく混ぜる。
3　1を2に入れ、泡立て器で混ぜる。
4　よく混ざったら鍋に戻し、弱火～中火にかけて絶えず木べら
　で混ぜながら火を通す(または、湯せんにかけて火を通す)。
5　とろみがついたら火からおろし、清潔な容器にこし入れる。
　ぴっちりとラップをはりつけ、自然に冷ます。冷蔵室で4週
　間保存可能。

p.26 Baked Tomato Soup with Juniper Berry Flavour
ベイクドトマトのスープ　ジュニパーベリーの風味

材料（4人分）

トマト……4個
オリーブオイル……大さじ2
塩……適量
ジュニパーベリー……適量

準備
・オーブンを180度に予熱する。

作り方

1　トマトは洗ってへたをとり、横半分に切る。

2　バットにトマトを切り口を上にして並べ、オリーブオイルをかけ、塩少々を振る。

3　180度のオーブンに入れ、バットに1cmほどの高さまで湯を注ぎ、20分焼く。

4　焼き上がったらトマトをとり出し、こし器にかけてつぶしながらしぼり出す。

5　塩で味をととのえ、冷蔵室で完全に冷やす。

6　ジュニパーベリーをこまかく刻み、5に添えて香りづけする。好みでグラスの縁にレモン汁を塗り、平らな皿に塩を敷き、その上に伏せて塩をつけたグラスに注いでもよい。

ジュニパーベリー（西洋ネズ）は、イギリスで親しまれているお酒、「ジン」の香りづけに欠かせないスパイスです。

p.27 Lemon & Basil Sherbet
レモンとバジルのシャーベット

材料（4人分）

レモン果汁……90mL
バジルの葉……5g程度
グラニュー糖……90g
水……180mL

作り方

1　グラニュー糖と水を鍋に入れて中火にかけ、沸騰させる。

2　火からおろし、冷ます。

3　レモン果汁とバジルを加え、ミキサーにかける。

4　なめらかになったら、アイスクリーマーにかける。ない場合は金属製のバットに入れ、固まる前に混ぜる、を数回くり返す。仕上げに好みでバジル（分量外）を飾る。

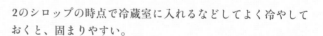

2のシロップの時点で冷蔵室に入れるなどしてよく冷やしておくと、固まりやすい。

p.29 Fish & Chips Modern British Style
フィッシュ＆チップス　モダンブリティッシュスタイル

材料（4人分）

好みの白身魚（切り身）……4切れ
※写真では金目鯛を使用
じゃがいも……6〜8個
薄力粉……100g
ビール（エール）……150mL
ルッコラ、クレソン、バジルなど、
　香りのよい葉物……50〜60g
バルサミコ酢……100mL
柑橘類（オレンジ系）の
　しぼり汁……大さじ2
塩……適量
揚げ油……適量

準備

・魚は軽く塩を振って冷蔵室に入れる。
・じゃがいもは皮をむいて適当な大きさ
に切り、水にさらす。塩を加えた湯でか
たゆでにする。
・葉物は洗い、水けをよくふきとる。
・バルサミコ酢と柑橘のしぼり汁は、小
鍋に入れて半量くらいになるまで弱火〜
中火で煮詰める。

作り方

1　鍋に揚げ油を入れて170度に熱し、じゃがいもを入れる。ま
わりが固まって軽く色づいたらとり出して油をきる。
2　ボウルに衣用の薄力粉をふるい入れて塩少々を加え、ビール
を注ぎながら泡立て器で混ぜ、なめらかな生地をつくる。
3　魚の水けをキッチンペーパーでしっかりふき、薄力粉（分量
外）をまぶし、2の衣をつけて180度の油で揚げる（途中で衣
を足してもよい）。
4　じゃがいもを180度の油で、もう一度カリッとするまで揚げ、
葉物もカラリと素揚げにし、軽く塩を振る。
5　皿に揚げたじゃがいもを組み、魚を盛りつける。煮詰めたバ
ルサミコ酢と柑橘のしぼり汁をかけ、素揚げにした葉物をの
せる。

衣に発泡性のビール（エール）を使うことによって、サクッと
した食感と風味が生まれます。じゃがいもは下ゆでしてから
二度揚げすることで、中はホクホク、外はカリッとした食感
を楽しめます。

p.27 Baked Alaska with Passion Fruit Sauce
ベイクドアラスカ　パッションフルーツソース

材料（4人分）

〈ジェノワーズ〉
　p.164参照
〈バニラアイスクリーム〉
（つくりやすい量）※市販でもよい
　牛乳……250mL
　生クリーム（47%）……50mL
　バニラビーンズ……½本
　卵黄……3個分
　グラニュー糖……55g
〈メレンゲ〉
　卵白……2個分（約80g）
　グラニュー糖……120g
〈仕上げ〉
　パッションフルーツ……2個

準備
・ジェノワーズ生地の型にクッキングシートを敷く。
・オーブンは180度に予熱する。

作り方

1　ジェノワーズをつくる（p.164参照）

2　バニラアイスクリームをつくる
　①鍋に牛乳、生クリーム、バニラビーンズを入れ、中火にかけて沸騰直前まで温める。
　②ボウルに卵黄とグラニュー糖を入れ、泡立て器でかくはんする。
　③①の半量を加えて混ぜながらなめらかにし、残りも加え、鍋に戻す。
　④弱火にかけ、耐熱のゴムべらで鍋底をこそげるように混ぜながら、83度まで加熱する。
　⑤氷水にあてたボウルにこし入れ、ゴムべらで混ぜながら熱をとる。
　⑥アイスクリーマーにかける。ない場合は金属製のバットに入れ、固まる前に混ぜる、を数回くり返す。

3　メレンゲをつくる
　①ボウルに卵白を入れ、ハンドミキサーでしっかりと泡立てる。
　②かたくしっかりとしたら、グラニュー糖を3回に分けて加え、そのつどよく泡立てる。

4　仕上げる
　①オーブンを200度に予熱する。
　②丸い型でくりぬいたジェノワーズ生地に、バニラアイスクリームをのせ、メレンゲを隙間のないように塗り、200度のオーブンで5〜6分、メレンゲに焼き色がつくまで焼く。
　③パッションフルーツを半分に切って果肉と種をとり出し、②に添える。

写真では丸口金でメレンゲをしぼり出しました。とげとげの部分がカリッと焦げて食感の違いを楽しめます。また、メレンゲをしぼり出した状態で冷凍保存できますので、食後のタイミングに合わせてオーブンに入れて楽しむこともできます。

p.32 # Asparagus Soup
アスパラガスのスープ

材料（4人分）

アスパラガス……15本程度（約300g）
玉ねぎ……½個
バター（食塩不使用）……30g
薄力粉……大さじ2
水またはスープストック……適量
牛乳……400mL
生クリーム（47%）……50mL
（またはサワークリーム……50g）
塩……少々
白こしょう……少々

作り方

1 アスパラガスはかたい部分を除き、適当に切る。玉ねぎは薄切りにする。
2 鍋にバターをとかし、弱火～中火で玉ねぎをしんなりとするまで炒めたら、アスパラガスを加えて炒める。
3 薄力粉を加えてざっと混ぜ、粉けがなくなったら水またはスープストックをひたひた程度になるまで加え、アスパラガスがやわらかくなるまで中火で煮る。
4 牛乳を加えてひと煮立ちさせ、ブレンダーでなめらかにし、鍋にこし入れる。
5 生クリームを加えてひと煮立ちさせ、塩と白こしょうを加える。

アスパラガスの香りを閉じ込めたクリーミーなスープです。生クリームで仕上げるとあっさり、サワークリームで仕上げるとコクが生まれます。

p.32 # Asparagus Scones
アスパラガスのスコーン

材料（8個分）

アスパラガス……3～4本
薄力粉……225g
ベーキングパウダー……8g
塩……2g
グラニュー糖……10g
バター（食塩不使用）……50g
チェダーチーズ……30g
牛乳……70～80mL

準備

・バターは1cm角に切り、冷蔵室で冷やす。
・アスパラガスはかたい部分を除き、ピーラーで薄く皮をむいたら、2cmほどの長さに切り、塩（分量外）を加えた湯でさっとゆで、冷ます。
・オーブンを190度に予熱する。

作り方

1 薄力粉とベーキングパウダー、塩、グラニュー糖をボウルにふるい入れてバターを加え、スケッパーで切るようにこまかくし、両手をすり合わせるようにして粉チーズ状にする。
2 チェダーチーズをすりおろして加え、アスパラガスを加えてざっと混ぜ、牛乳を生地がひとかたまりになるまで調節しながら加える。
3 台にのせ、切って重ねてを数回くり返し、2.5cm厚さにのばす。
4 生地を8等分し、クッキングシートを敷いた天板に並べる。
5 牛乳（分量外）を表面に塗り、190度のオーブンで14～15分焼く。

ざっくりとした食感を楽しむため、生地はこねすぎないようにし、型で抜く成形をせずに仕上げます。生地は8等分して、丸めても。クリーミーなアスパラガスのスープとの相性は抜群。

p.36 Potato & Onion Tart
じゃがいもと玉ねぎのタルト

材料（直径16cmのタルト型1台分）

〈ショートクラストペストリー〉
　p.162参照
〈フィリング〉
　じゃがいも……2〜3個
　玉ねぎ……¼個
　バター（食塩不使用）……大さじ1
　にんにく……1かけ
　全卵……30g
　生クリーム……35mL
　チーズ（チェダーチーズやピザ用チーズ）
　　……50g
　タイム（パウダー）……適量
　塩……少々
　こしょう……少々

準備
・じゃがいもは皮をむいて半分に切り、
さらに3〜4mm厚さに切り、塩（分量外）
を加えた湯でかたゆでにする。
・玉ねぎは2mmほどの薄切りにし、にん
にくはこまかく刻む。
・オーブンを180度に予熱する。

作り方

1　ショートクラストペストリーの生地をつくる（p.162参照）

2　ショートクラストペストリーの生地を焼く
　①冷蔵室から生地を出して打ち粉（分量外）を振った台にのせ、
めん棒で2mm厚さにのばして直径16cmのタルト型に敷き、フ
ォークで底に穴をあける。
　②生地にクッキングシートを敷いてタルトストーンなどの重
しをのせ、180度のオーブンで15分ほど焼く（7〜8分たった
ら重しをはずす）。

3　フィリングをつくり、焼く
　①フライパンにバターをとかし、にんにく、玉ねぎを炒める。
　②玉ねぎが透明になってしんなりとしたら、じゃがいもを加
えて炒め合わせる。
　③ボウルに全卵、生クリームを入れてとき、②とチーズ、タ
イムを加えて混ぜ、塩、こしょうを加える。
　④焼き上がった2のショートクラストペストリーに流し入れ、
180度のオーブンで30〜35分焼く。

冷めてもおいしいですが、オーブンでリベイクすると、焼き
たての食感に戻ります。お好みで皮つきのじゃがいもを使っ
たり、ベーコンを加えたりしても。

p.52 Mushroom Tarts
きのこのタルト

材料（直径6cmのタルト型12個分）

〈 ショートクラストペストリー 〉
　p.162参照
〈 フィリング 〉
　ブラウンマッシュルーム……1パック
　しいたけ……20g程度
　玉ねぎ……½個
　バター（食塩不使用）……15g
　オリーブオイル……大さじ1
　全卵……1個
　生クリーム（47%）……120mL
　パルミジャーノ・レッジャーノ
　　（おろしたもの）……大さじ1
　塩……適量
　こしょう……少々

準備

・ブラウンマッシュルームとしいたけは
石づきなどをとり、3mm厚さに切る。
・玉ねぎは2mmほどの薄切りにする。
・オーブンを180度に予熱する。

作り方

1　ショートクラストペストリー
　の生地をつくる（p.162参照）

2　ショートクラストペストリーの生地を焼く
　①冷蔵室から生地を出して打ち粉（分量外）を振った台にのせ、
　めん棒で2mm厚さにのばして直径8cmの丸型で抜き、直径6cm
　のタルト型に敷き、フォークで底に穴をあける。
　②生地にクッキングシートを敷いてタルトストーンなどの重し
　をのせ、180度のオーブンで15分ほど焼き、重しをはずして
　さらに薄く色づくまで焼く。

3　フィリングをつくり、焼く
　①フライパンにバターをとかし、オリーブオイルを加え、玉
　ねぎを茶色く色づくまでじっくりと炒める。
　②ブラウンマッシュルームとしいたけを加え、軽く塩を振り、
　しんなりとするまで炒める。
　③ボウルに全卵、生クリームを入れ、パルミジャーノ・レッ
　ジャーノを加えて混ぜ、塩、こしょうで味をととのえる。
　④2に②を分け入れて③を注ぎ、170度のオーブンで10〜12
　分焼く。

p.52 Cornish Pasty (Chicken Curry)
コーニッシュパスティ（チキンカレー）

材料（15個分）

〈 ショートクラストペストリー 〉
　p.162参照
〈 フィリング 〉
　鶏むね肉……150g
　玉ねぎ（みじん切り）……約⅛個分
　カレーペースト……大さじ1強
　生クリーム（47%）……大さじ1
　サラダ油……小さじ2
　塩……適量
　こしょう……適量

準備

・鶏肉は細かく刻み、塩、こしょうをす
る。
・オーブンを180度に予熱する。

作り方

1　ショートクラストペストリー
　の生地をつくる（p.162参照）

2　フィリングをつくる
　フライパンを中火にかけてサラダ油を入れ、玉ねぎを色づく
　までじっくりと炒めて鶏肉を加え、火が通ったらカレーペー
　ストを加えて軽く炒める。生クリームを加え、塩、こしょう
　で味をととのえ、冷ます。

3　成形する
　①やすませておいた生地を1個20g程度の大きさに丸め、め
　ん棒で2mm厚さ、直径8cm程度にまるくのばす。
　②フィリングを適量のせて折りたたみ、上部でひだをつくる
　ように包み、冷蔵室で10分ほど冷やす。
　③表面にとき卵（分量外）を塗り、オーブンで20分ほど焼く。

p.53 Eton Mess with Apple & Cinnamon Meringue
りんごとシナモンメレンゲのイートンメス

材料 (小グラス12個分)

〈シナモンメレンゲ〉
(つくりやすい量)
　卵白……50g
　グラニュー糖……50g
　粉糖…50g
　シナモン(パウダー)…小さじ1
〈りんごのキャラメリゼ〉
　りんご(紅玉)……2個
　バター(食塩不使用)……30g
　グラニュー糖……60g
〈クリーム〉
　生クリーム(45〜47%)……120mL
　カスタード(p.207参照)……240mL

準備
・オーブンは100度に予熱する。

作り方

1　シナモンメレンゲをつくる
　①ボウルに卵白を入れて泡立て器でかくはんし、途中でグラニュー糖を3回に分けて加え、そのつど泡立ててしっかりとしたメレンゲをつくる。
　②粉糖とシナモンを合わせたものを一度にふるい入れ、ゴムべらでさっくりと混ぜ合わせ、丸口金をつけたしぼり出し袋に入れて、クッキングシートを敷いた天板にしぼる。
　③100度のオーブンで1時間ほど焼く。

2　りんごのキャラメリゼをつくる
　①りんごは洗って4等分し、芯をとってさいの目に切る。
　②フライパンにバターをとかし、グラニュー糖の半量を加え、中火にして全体が茶色く色づくまで加熱する。
　③①のりんごを加えて手早くからめるように炒め、残りのグラニュー糖を加え、水分がなくなるまで煮詰める。

3　クリームをつくる
　①生クリームは氷水にあてて、泡立て器でゆるく泡立てる。
　②カスタードに①を3回に分けて加え、ゴムべらで混ぜる。

4　仕上げる
　グラスに冷ましたりんごのキャラメリゼ、粗く砕いたシナモンメレンゲ、クリームの順に層にして入れ、いちばん上がメレンゲの層になるように重ねる。メレンゲが水分を吸う前に食べる。

王道のイートンメスはフレッシュないちご、生クリーム、焼きメレンゲの組み合わせですが、秋らしく、キャラメリゼしたりんごとシナモン風味の茶色いメレンゲ、カスタードを加えたクリームを合わせました。

p.53 Pumpkin Cupcakes
パンプキンカップケーキ

材料（紙樹脂カップ4cm×3cm 15個分または直径3cmのミニマフィンカップ24個分）

かぼちゃピュレ
　……100g(正味、下記参照)
薄力粉……110g
バター(食塩不使用)……100g
ベーキングパウダー……4g
シナモンパウダー……小さじ½
グラニュー糖……100g
全卵……2個
牛乳……小さじ1
〈クリームチーズアイシング〉
　クリームチーズ……18g
　バター(食塩不使用)……18g
　粉糖……50g

準備
・かぼちゃは電子レンジで蒸してやわらかくし、フォークでつぶしてピュレにする。
・バター、全卵、クリームチーズは室温にもどす。
・薄力粉、ベーキングパウダー、シナモンパウダーを合わせる。
・オーブンは170度に予熱する。

作り方

1　カップケーキをつくる
　①ボウルにバターを入れ、泡立て器でなめらかにする。
　②グラニュー糖を一度に加え、さらに空気を含んで白っぽくなるまでかくはんする。
　③ときほぐした全卵を少しずつ加え、そのつどよく混ぜる。
　④かぼちゃを加え、ゴムべらで混ぜる。
　⑤粉類を合わせたものを、2～3回に分けて加え、そのつど切るようにさっくり混ぜ合わせる。
　⑥牛乳を加えて混ぜる。
　⑦紙樹脂カップに分け入れ、170度のオーブンで15分ほど焼く。

2　クリームチーズアイシングをつくる
　①クリームチーズ、バターをボウルに入れ、ゴムべらでよく練る。
　②ふるった粉糖を2～3回に分けて加え、そのつどよくかくはんする。

3　仕上げる
　①クリームチーズアイシングを星口金をつけたしぼり出し袋に入れ、冷ましたカップケーキの上にしぼる。
　②好みでパンプキンシードなどをのせる。

シナモンパウダーの代わりに、ミックススパイス（シナモン大さじ1、コリアンダー小さじ1、ナツメグ小さじ1、ジンジャー小さじ½、オールスパイス小さじ¼、クローブ小さじ¼を混ぜたもの）を使用しても。

p.50, 52　Apple Scones
りんごのスコーン

材料 (直径5.2cm 10個分)

中力粉……250g
バター(食塩不使用)……50g
ベーキングパウダー……8g
グラニュー糖……40g
りんご(紅玉など)……½個
シナモンパウダー……小さじ½
全卵……1個
牛乳……50〜60mL

準備
・バターは1cm角に切り、冷蔵室で冷やす。
・りんごは皮をむき、粗いチーズおろしなどで細長くおろす。
・オーブンは190度に予熱する。

作り方

1　中力粉とベーキングパウダーをボウルにふるい入れてバターを加え、スケッパーで切るようにこまかくし、両手をすり合わせるようにして粉チーズ状にし、グラニュー糖を加える。
2　りんごとシナモンパウダーを加え、混ぜる。
3　別のボウルに全卵と牛乳を入れ、ときほぐして卵液をつくる。
4　2に3を少しずつ加え、ひとまとめにする。りんごの水分があるので入れすぎないようにする(残った分は7で使用)。
5　台にのせ、切って重ねるをくり返し、めん棒で2.5cm厚さにのばし、丸型で抜く。
6　生地をクッキングシートを敷いた天板に並べる。
7　残しておいた卵液を表面に塗り、190度のオーブンで15分ほど焼く。

p.54　Chocolate Fridge Cake
チョコレートフリッジケーキ

材料 (18cm角型1台分)

チョコレート(カカオ分58%)……85g
バター(食塩不使用)……100g
ココアパウダー……大さじ3
ゴールデンシロップ(またははちみつ)
　　……大さじ3
ビスケット……150g
くるみ……20g
〈仕上げ〉
　セミスイートチョコレート……40g
　ホワイトチョコレート……40g

準備
・くるみはから焼きし、粗く刻む。
・型にクッキングシートを敷く。

作り方

1　ボウルにチョコレート、バター、ココアパウダー、ゴールデンシロップを入れて湯せんにかけ、なめらかにする。
2　砕いたビスケットとくるみを加え、ゴムべらでよく混ぜる。
3　型に流して表面を平らにならし、冷蔵室で冷やし固める。
4　仕上げ用のチョコレート2種をそれぞれ小さいボウルに入れ、湯せんにかけてとかし、固まったチョコレートケーキの表面にしぼり出し袋で線を描き、冷蔵室で固める。

チョコレートの模様は省略して、シンプルに仕上げても。切り方に変化をつけても楽しい。

p.54 Caramel Nut Tarts
キャラメルナッツタルト

材料（直径7cmのタルト型8個分）

〈スイートショートクラストペストリー〉
　p.190参照
〈フィリング〉
　好みのナッツ……100g
　グラニュー糖……30g
　はちみつ……40g
　バター（食塩不使用）……12g
　生クリーム（47%）……75g

・オーブンは170度に予熱する。
・ナッツは160度のオーブンで4～5分
から焼きにし、こまかく刻む。

作り方

1　スイートショートクラストペ
　ストリーの生地をつくる
　（p.190参照）

2　スイートショートクラストペストリーの生地を焼く
　①生地を打ち粉（分量外）をした台にのせ、めん棒で2mm厚さ
　にのばし、型に敷く。
　②フォークで底に穴をあけ、冷蔵室で10分やすませる。
　③生地にクッキングシートを敷いてタルトストーンなどの重
　しをのせ、170度のオーブンで10～12分焼く。
　④焼き上がったら、重しをはずす。

3　フィリングをつくり、焼く
　①鍋にグラニュー糖、はちみつ、バター、生クリームを入れ
　て中火にかけ、木べらで絶えずなべ底をこそげながら、軽く
　色づくまで加熱し、キャラメルをつくる。
　②ナッツを加えて混ぜ、2のタルトに均等に入れる。
　③170度のオーブンで10分ほど焼く。

p.55 Pear Sponge Cake
ペアースポンジケーキ

材料（直径15cmの丸型または
8cm角型1台分）

洋梨……1個
バター（食塩不使用）①……15g
はちみつ……15g
バター（食塩不使用）②……110g
上白糖……110g
全卵……90g
薄力粉……95g
ベーキングパウダー……3g

準備
・バター①②、全卵は室温にもどす。
・洋梨は皮と芯をとり、1.5cmほどの角
切りにする。
・オーブンは170度に予熱する。

作り方

1　鍋にバター①、はちみつを入
　れて中火にかけ、木べらでか
　き混ぜながら茶色くなるまで
　加熱する。

2　洋梨を加え、水けがなくなるまで加熱し、冷ます。

3　ボウルにバター②を入れて泡立て器でなめらかにし、上白糖
　を一度に加え、空気を含んで白っぽくなるまでかくはんする。

4　全卵をときほぐして3に少しずつ加え、そのつど泡立て器で
　よく混ぜ、薄力粉とベーキングパウダーを合わせたものを3
　回に分けて加え、そのつどゴムべらで練らないように混ぜる。

5　2を4に加えて混ぜ、型に流す。

6　170度のオーブンで40～45分焼く。焼き上がったら型から
　はずし、冷ます。

p.66 Blackberry & Bramley Pie
ブラックベリーとブラムリーのパイ

材料（直径20cmのパイ皿1台分）

〈スイートショートクラストペストリー〉
　p.190参照
〈フィリング〉
　ブラムリー……300g(正味)
　ブラックベリー…150g
　グラニュー糖…75g

作り方

1　スイートショートクラストペストリーの生地をつくる
（p.190参照）

2　フィリングをつくる
①ブラムリーは皮と芯をとって縦8等分にし、7～8mm厚さの
いちょう切りにする。
②ボウルにブラックベリー、グラニュー糖とともに入れ、ざ
っと混ぜ合わせ、パイ皿に入れる。

3　成形する
①1の生地の⅓量を台にのせ、打ち粉（分量外）をしながらめ
ん棒で2mm厚さにまるくのばす。
②2のパイ皿にかぶせ、フォークを使って縁をとめ、中心に
蒸気抜きのためにナイフで穴をあける。
③成形したパイを冷蔵室で15～30分やすませる（縮み防止に
なり、形がきれいに焼き上がる）。その間にオーブンを170
度に予熱する。
④パイを冷蔵室から出し、オーブンで40～50分焼く。

スイートショートクラストペストリーがふたとなって、フィ
リングはジューシーにやわらかく仕上がります。食べるとき
は温めて、カスタードやホイップクリーム、アイスクリーム
などを添えてもおいしい。

p.67 Roast Pork, Apple Sauce
ローストポーク　アップルソース

材料（4～5人分）

〈ローストポーク〉
　豚ロース肉かたまり……800g
　にんじん……½本
　セロリ……½本
　玉ねぎ……1個
　にんにく……2かけ
　塩……適量
　サラダ油……適量
　あらびき黒こしょう……適量
〈グレービーソース〉
　薄力粉……大さじ2
　スープストックまたは水……450mL
　バター……5g
　塩……適量
　こしょう……適量
〈アップルソース〉
　ブラムリー……200g（正味）
　水……1½カップ
　グラニュー糖……大さじ1½
　バター……10g
　はちみつ……小さじ1
〈さつまいものピュレ〉
　さつまいも……1本
　牛乳……さつまいもの正味量と同重量
　バター……大さじ1
　塩……少々

準備
◎前日
・豚肉に塩小さじ2、サラダ油大さじ3、
黒こしょう少々をすり込み、ラップで包
むかポリ袋に入れ、冷蔵室にひと晩おく。
◎当日
・オーブンは200度に予熱する。
・玉ねぎとセロリは2cm角に切り、にん
じんは5mm厚さに切る。にんにくはつぶ
す。

作り方

1　ローストポークをつくる
①肉を脂の面を上にして天板
において塩、黒こしょうを振
り、まわりに野菜を並べる。
②野菜にサラダ油を回しかけ、200度のオーブンに入れる。
③20分ほど焼き、天板を傾けて出てきた肉汁をスプーンで
すくって、肉の表面全体にかける。
④さらに45分ほど焼き、竹串を肉の中心に刺し、下唇の下
にあててみて温かく感じたらオーブンからとり出す。
⑤アルミホイルで肉を包み、皿にのせてやすませる。

2　グレービーソースをつくる
①ローストポークの肉汁が残った天板を斜めにし、余分な脂
を除く。
②天板ごと中火にかけ、薄力粉を加えて野菜にからませるよ
うにし、スープストックまたは水を加える。
③天板をこそげながら、全体を⅔程度に煮詰める。
④こしながら別の鍋に移しかえ、塩、こしょうで味をととの
える。

3　アップルソースをつくる
①ブラムリーは皮と芯をとり、いちょう切りにする。
②鍋に入れて水を加え、ふたをして中火でやわらかくなるま
で煮る。
③火からおろし、グラニュー糖、バター、はちみつを加えて
フォークなどで粗くつぶす。

4　さつまいものピュレをつくる
①さつまいもは皮をむき、1cm角に切って水にさらし、水け
をきる。
②牛乳とともに鍋に入れ、軽くふたをして中火にかける。
③沸騰したら弱火にし、やわらかくなるまで煮る。
④ブレンダーなどでなめらかにし、バター、塩を加える。

5　仕上げる
①グレービーソースは食べる直前に鍋を中火にかけ、熱くな
ったら火を止め、バター、塩、こしょうで味をととのえる。
②ローストポークを切り分け、アップルソース、さつまいも
のピュレを添え、ローストポークにグレービーソースをかけ
る。

p.63 Drop Scones
ドロップスコーン

材料（22〜25枚分）

薄力粉……180g
ベーキングパウダー……6g
グラニュー糖……40g
全卵……1個
牛乳……200mL
塩……2g
サラダ油……適量
バター……適量
はちみつ……適量

作り方

1 ボウルに薄力粉、ベーキングパウダーをふるい入れる。
2 グラニュー糖と塩を加えて軽く混ぜ、中央にくぼみをつくる。
3 くぼみに全卵と牛乳を加え、泡立て器でなめらかになるまでよく混ぜる。
4 サラダ油小さじ1を加えて混ぜる。
5 鉄板またはフライパンを火にかけて充分に温める。
6 サラダ油を薄く引いて、スプーンで生地を落とし、表面にぷつぷつと穴があいてきたらひっくり返し、裏面も焼く。
7 温かいうちにバターやはちみつなどをつけて食べる。

p.84 Crab & Beet Salad
蟹とビーツの前菜

材料（4人分）

ずわい蟹……120g（正味）
ビーツ……150g
じゃがいも……2個
レモン汁……少々
ディル……適量
〈マヨネーズ〉（つくりやすい量）
　卵黄……1個分
　酢……小さじ2
　ディジョンマスタード……小さじ1
　塩……小さじ½
　サラダ油……100mL
　レモン汁……少々

準備
・ビーツとじゃがいもは皮をむき、5mm角に切り、それぞれやわらかくなるまで塩（分量外）を加えてゆで、冷ます。

作り方

1 マヨネーズをつくる
①ボウルに卵黄、酢、ディジョンマスタード、塩小さじ½を入れて混ぜ合せる。
②サラダ油を少量ずつ、泡立て器でかき混ぜながら加える。
③白くマヨネーズ状になってきたらレモン汁を加え、塩で味をととのえる。

2 サラダをつくる
①ずわい蟹の余分な水分をとり、レモン汁であえる。
②1のマヨネーズ大さじ1と、みじん切りにしたディルを加えて混ぜ合わせ、冷蔵室で冷やす。
③じゃがいもに1のマヨネーズ大さじ2〜3を加え、混ぜ合わせる。
④皿を用意し、中央にセルクルをのせる。
⑤セルクルの⅓の高さまで、スプーンなどでビーツを軽く押さえながら入れる。
⑥③のじゃがいもをセルクルの⅔の高さまで入れる。
⑦②の蟹をセルクルの残りを埋めるようにきっちり入れる。
⑧セルクルをはずし、好みでまわりにサラダリーフやハーブなどを添える。

p.83 Roast Beef Salad with Kale & Truffle Oil
ケールのローストビーフサラダ　トリュフオイルの香り

【ローストビーフ】

材料 (つくりやすい量)

牛もも肉かたまり……500g
バター (食塩不使用)……15g
にんにく (すりおろしたもの)……1かけ
塩……少々
こしょう……少々

準備
◎前日
・牛肉の形を整えながらたこ糸で全体を巻いて結ぶ。塩、こしょう、にんにくを全体にこすりつける。バットに入れ、ラップをして冷蔵室に入れる。
◎当日
・冷蔵室から牛肉をとり出し、室温にもどす。出てきた水分はキッチンペーパーなどでふきとる。
・オーブンは180度に予熱する。

作り方

1 天板に牛肉をおき、上にバターを数カ所に分けておき、180度のオーブンに入れる。
2 15〜20分 (牛肉の厚みによって調整する) 焼いたら、温度計を肉の中心に刺し、55〜60度になっていたらオーブンからとり出す。
3 アルミホイルで肉を包み、やすませる。

【サラダ】

材料 (つくりやすい量)

ローストビーフ……200〜250g程度
ケール……4枚
くるみ……30〜40g
トリュフオイル……適量
黒こしょう……少々
〈ドレッシング〉(つくりやすい量)
　白ワインビネガー……60mL
　サラダ油……200mL
　玉ねぎ……⅛個程度
　ディジョンマスタード……小さじ1
　塩……小さじ1
　こしょう……少々

準備
・ケールは食べやすい大きさにちぎり、よく洗って水につけ、ぱりっとしたら水けをきり、冷やす。
・ローストビーフは薄切りにする。
・くるみは多めの油 (分量外) で焦がさないように揚げ、油をきって塩 (分量外) を振る。

作り方

1 ドレッシングをつくる
すべての材料をミキサーに入れ、かくはんする。

2 サラダをつくる
①ボウルにケールを入れ、1のドレッシングを適量加え、よくからめる。
②皿に盛ってくるみをちらし、ローストビーフを並べ、トリュフオイルと黒こしょうを振る。

市販のローストビーフを使うともっと手軽に。サラダのまわりには、クリスマスらしく赤い実 (レッドカラントやクランベリー) のジュースでつくったゼリーを添えました。

181

p.85 Cauliflower Flan & Soup with Cheese Galette
カリフラワーのフラン&スープ　チーズのガレット添え

材料 (4人分)

カリフラワー……250g
バター(食塩不使用)……15g
牛乳……500mL
生クリーム……40g
全卵……2個
生クリーム(仕上げ用)……適量
塩……適量
〈 チーズのガレット 〉
　パルミジャーノ・レッジャーノ
　　……適量

作り方

1　チーズのガレットをつくる
①パルミジャーノ・レッジャーノを削り、フライパンに薄く広げ、適当な大きさにととのえる。
②中火にかけ、チーズがとけだしたら、焦げつかない程度で火を止め、とり出す。

2　フランとスープをつくる
①カリフラワーは外葉をはずし、包丁で適当な大きさに切り分ける。
②鍋にバターをとかし、カリフラワーを入れて中火で炒める。
③軽く炒めたら、牛乳を加える。煮立ったら火を弱め、カリフラワーに火が通るまで加熱する。
④火からおろし、ミキサーなどにかけ、なめらかにする。
⑤ボウルに全卵を入れ、泡立て器で卵白のこしを切り、④を160gと生クリームを加えて混ぜ、塩少々を加える。
⑥プリンカップ4つにバター(食塩不使用・分量外)を薄く塗り、⑤を注ぎ入れ、アルミホイルで包む。
⑦蒸し器に湯を沸かして⑥を並べ、ふたをして強火で2分、弱火で7〜8分蒸す。
⑧竹串を刺し、何もついてこなかったら火からおろし、プリンカップを蒸し器からとり出して、ボウルなどに氷水とともに入れて冷ます。
⑨余ったスープは生クリーム(仕上げ用)と塩で味をととのえる。
⑩器に⑨を注ぎ、中央にプリンカップからはずしたフランを入れ、チーズのガレットをのせる。

旬のかぶを使っても、自然な甘みの白いスープがつくれます。キャビアを添えると、クリスマスにぴったりな豪華な仕上がりに。味わいのアクセントにもなります。

p.86 Roast Turkey
ローストターキー

材料（4人分）

ミニターキー……1羽(2kg程度)
塩……少々
こしょう……少々
砂糖……少々
〈 スタッフィング 〉
　玉ねぎ……⅛個
　にんにく……½かけ
　好みのきのこ……50g
　米……½カップ
　バター(食塩不使用)……10g
　スープストック……½カップ
　塩……少々
〈 焼き上げ用香味野菜 〉
　玉ねぎ……1個
　にんじん……1本
　セロリ……½本
　にんにく……2かけ

準備
◎3〜4日前
・ターキーが冷凍の場合、冷蔵室で解凍
する(1kgあたり4時間が目安)。
・解凍したらレバーと首を切り分け、中
と外をよく洗い、キッチンペーパーなど
でたたくようにして水けをよくふきとる。
・塩、こしょう、砂糖を全体にすり込む
ようにし、袋に入れて冷蔵室で味をなじ
ませる(最低でも1〜2日)。
◎当日
・スタッフィング用の玉ねぎ、にんにく
はみじん切りにする。
・きのこは適当な大きさに切る。
・香味野菜はざく切りにする。

作り方

1　スタッフィングをつくる
　①フライパンにバターをとか
　し、玉ねぎとにんにくを透明
　になるまで中火で炒める。
　②米は洗わずに、①に加えて炒める。
　③米が透明になってきたら、きのこを加えて軽く炒め、スー
　プストックを加えてふたをし、米がやわらかくなるまで弱火
　で煮て、塩を加える。

2　ターキーを焼き上げる
　①ターキーのおなかに、スタッフィングを詰める。
　②つまようじでおなかをとめ、たこ糸で足をしっかり縛る。
　③ターキーの表面にとかしバター(食塩不使用)かサラダ油
　(ともに分量外)を塗り、オーブンを180度に温める。
　④天板にクッキングシートを敷き、ターキーをおく。まわり
　に香味野菜を並べる。
　⑤アルミホイルでターキーを包み、温まったオーブンで90
　分ほど焼く。焼き上がったらさらにオーブンの余熱で15〜
　20分おき、その後、室温に20分ほどおく。

【 グレービーソース 】

材料 (つくりやすい量)

ターキーの首…………1本
玉ねぎ……¼個
天板に残った野菜……すべて
コーンスターチ……大さじ1〜2
塩……少々
こしょう……少々

作り方

1　玉ねぎは1.5cm角に切る。
2　鍋にターキーの首と玉ねぎ、水800mLを入れて、半量くら
　いになるまで中火で煮詰める。
3　ターキーをとり出した天板に2をこし入れ、天板に残った旨
　みをこそげる。
4　鍋にこし入れ、表面の余分な油を除き、中火で軽く煮詰め、塩、
　こしょうを加え、同量の水でといたコーンスターチで適度な
　とろみをつける。

p.88 Spicy Pear Meringue
スパイシーペアーメレンゲ

材料（4人分）

〈 洋梨のコンポート 〉
洋梨（ラ・フランス）……4個
グラニュー糖……2カップ
水……4カップ
クローブ（ホール）……2粒
バニラビーンズ……½本
レモン（ノーワックス）……½個
〈 アニス風味のアイスクリーム 〉
　牛乳……170g
　生クリーム……50g
　アニス（八角）……1個
　卵黄……2個分
　グラニュー糖……38g
〈 メレンゲ 〉
　卵白……1個分（35〜40g）
　グラニュー糖……卵白と同重量
　粉糖……卵白と同重量
〈 仕上げ 〉
　ダークチョコレート……50g
　生クリーム（47%）…… 50mL
　グラニュー糖……5g
　ココアパウダー……適量

準備
・レモンはしぼり、皮をむく。

作り方

1　洋梨のコンポートをつくる
　①洋梨はへたをつけたまま皮をむいて芯をくりぬき、切った先からレモン水（分量外）に入れる。
　②鍋にグラニュー糖、水、クローブ、切れめを入れたバニラビーンズ、レモン汁、レモンの皮を入れて火にかける。
　③グラニュー糖がとけたら洋梨を入れ、クッキングシートで落としぶたをし、沸騰しない程度の弱めの中火でやわらかくなるまで煮る。
　④火からおろし、そのまま冷ます。

2　アニス風味のアイスクリームをつくる
　①鍋に牛乳、生クリーム、アニスを入れて弱火にかける（時間があるときは先にアニスをひたして香りを移すとよい）。
　②ボウルに卵黄、グラニュー糖を入れ、泡立て器でかくはんする。
　③煮立った①を②に注ぎ、よく混ぜて鍋に戻す。
　④弱火にかけ、木べらで絶えずかき混ぜながら83度まで加熱する。
　⑤ボウルにこし入れ、ボウルの底を氷水にあてて熱をとる。
　⑥完全に冷まして、アイスクリーマーにかける。ない場合は金属製のバットに入れ、固まる前に混ぜる、を数回くり返す。

3　メレンゲをつくる
　①オーブンを100度に予熱する。
　②ボウルに卵白を入れ、ハンドミキサーで泡立てる。途中、グラニュー糖を3回に分けて加え、かたいメレンゲをつくる。
　③粉糖をふるい入れてゴムべらでさっくりと混ぜ、スプーンで鳥の巣状に形をつくる。
　④100度のオーブンで1時間ほど焼き、さらに余熱で1時間ほど乾燥させる。

4　仕上げる
　①ダークチョコレートは50度の湯せんにかけてとかし、3のメレンゲをコーティングし、冷蔵室で冷やし固める。
　②グラニュー糖を加えた生クリームを泡立て器で泡立てる。
　③メレンゲを皿の上におき、クリームをのせる。
　④1の洋梨の水けをキッチンペーパーなどでよくふきとる。
　⑤洋梨の芯をくりぬいた穴にアニス風味のアイスクリームを入れ、全体にココアパウダーを振る。
　⑥③のメレンゲの上に⑤の洋梨をおく。好みでアングレーズソースをまわりに流す。

p.89 Pavlova
パブロヴァ

材料（直径25cm 1個分）

〈メレンゲ〉
卵白……2個分
グラニュー糖……125g
白ワインビネガー……小さじ1
コーンスターチ……小さじ1
〈仕上げ用〉
　生クリーム（47%）……150mL
　グラニュー糖……15g
　好みのフルーツ（酸味があるもの）
　　……適量

準備
・オーブンを150度に予熱する。

―――――――

パブロヴァはサクサクした食感を大事にしたいので、直前に仕上げてできるだけ早く食べるのがおすすめです。

作り方

1　メレンゲをつくる
　①ボウルに卵白を入れ、ハンドミキサーで泡立てる。
　②全体にボリュームが出てきたら、グラニュー糖を数回に分けて加え、そのつどしっかり泡立ててメレンゲをつくる。
　③白ワインビネガーとコーンスターチを加え、かたいメレンゲにする。
　④天板にクッキングシートを敷き、③をスプーンで鳥の巣状に丸く形づくる。
　⑤150度のオーブンに入れ、すぐに120度に下げて1時間ほど焼く。

2　仕上げる
　①ボウルにグラニュー糖と生クリームを入れ、氷水にあてながら泡立て器で八分立てにする。
　②焼き上がった1のメレンゲに生クリームを塗り、好みのフルーツを飾る。

p.92 Christmas Scones
クリスマススコーン

材料（直径6.8cm 6個分）

中力粉……225g
薄力全粒粉……25g
ベーキングパウダー……7g
バター（食塩不使用）……50g
ブラウンシュガー……50g
洋酒漬けドライフルーツ（※）……20g
サルタナレーズン……20g
オレンジピール（シロップ漬け）……15g
ミックススパイス……小さじ½
全卵……1個
牛乳……70〜80mL
塩……1g

準備
・バターは1cm角に切り、冷蔵室で冷やす。
・オーブンは190度に予熱する。

作り方

1　粉、ベーキングパウダー、塩をボウルにふるい入れてバターを加え、スケッパーで切るようにこまかくして粉チーズ状にし、ブラウンシュガーを加える。
2　フルーツ類とミックススパイスを加え、ゴムべらで混ぜる。
3　全卵と牛乳を合わせてとき、卵液をつくる（仕上げ用に少し残しておく）。
4　2に3を少しずつ加え、ひとまとめにする。
5　台において少し練り、2.5cm厚さにのばして丸型で抜く。
6　クッキングシートを敷いた天板に並べる。
7　残しておいた卵液を表面に塗り、190度のオーブンで15分ほど焼く。ラムバター（p.189参照）を添える。

※レーズン100g、サルタナレーズン100g、カレンズ50gに、ブランデー、ラム酒各25mLを振りかけ、ひと晩以上おいたもの。

p.88 # Christmas Flavoured Cheesecake
クリスマス風味のチーズケーキ

【ベースのジンジャービスケット】

材料 (つくりやすい量)

ゴールデンシロップ (またははちみつ)
　　……45g
ブラウンシュガー……88g
バター (食塩不使用)……30g
薄力粉……175g
ベーキングパウダー…… 小さじ½
ジンジャーパウダー…… 小さじ¼
ミックススパイス…… 小さじ¼
全卵……½個分

作り方

1　鍋にゴールデンシロップ、ブラウンシュガー、バターを入れ、弱火にかけてとかし、冷ます。
2　薄力粉、ベーキングパウダー、ジンジャーパウダー、ミックススパイスを合わせてボウルにふるい入れる。
3　1にときほぐした全卵を加えて混ぜ、2に加えて木べらで混ぜる。だいたいまとまったら、手でよく混ぜる。
4　ラップで包んで冷蔵室で30分以上やすませ、その間にオーブンを170度に予熱する。
5　やすませた生地を台にのせ、打ち粉 (分量外) をして3〜4㎜厚さにのばし、ジンジャーマンの抜き型で抜く。
6　170度のオーブンで、10〜12分焼く。
7　焼けたらすぐに金網に移し、冷ます。

【チーズケーキ】

材料 (直径15cm丸型1台または直径12cm
丸型2台分)

〈フィリング〉
クリームチーズ……200g
クリスマスプディング用フルーツマリネ
　　(p.189参照)……30g
洋酒漬けドライフルーツ(p.185参照)
　　……50g
オレンジピール (シロップづけ)……15g
オレンジの皮……少々
グラニュー糖……60g
全卵……2個
生クリーム(47%)……150mL
薄力粉……25g
レモン汁……10mL
〈ベース〉
　上記のジンジャービスケット
　　(焼いたもの)……90g
　バター(食塩不使用)……30g

準備
・型の底と周囲にクッキングシートを敷く。
・クリームチーズは室温にもどす。
・オーブンは170度に予熱する。

作り方

1　ベースをつくる
①ジンジャービスケットをフードプロセッサーでこまかく砕く。
②バターをとかし、①を加えて混ぜ、用意した型の底にきっちりと敷き詰める。

2　フィリングをつくる
①クリスマスプディング用フルーツマリネ、洋酒漬けドライフルーツはこまかく刻み、オレンジピール、刻んだオレンジの皮とともにボウルに入れる。
②ボウルにクリームチーズを入れ、ゴムべらでなめらかになるまで混ぜる。
③グラニュー糖を加え、よく混ぜる。
④泡立て器に持ちかえ、全卵を2回に分けて加え、混ぜる。
⑤生クリームの半量を加えて混ぜ、薄力粉をふるい入れてゴムべらでさっくりと混ぜ、粉が見えなくなったら残りの生クリームを加えてよく混ぜる。
⑥レモン汁を加えて混ぜ、こす。
⑦⑥の140gを①のボウルに加えて混ぜ、型に流す。
⑧⑥の残りを⑦の上からやさしく加え、170度のオーブンで30〜40分(※)焼く。
⑨粗熱がとれたら型からはずし、よく冷ます。好みでホイップしたクリームをしぼり、ジンジャーブレッドビスケット(右ページ)などを飾る。

※直径12cm型の場合は30〜35分、直径15cm型の場合は35〜40分。

p.88 Gingerbread Biscuits
ジンジャーブレッドビスケット

材料（27cm角の天板2枚分）

〈ビスケット〉
薄力粉……200g
バター（食塩不使用）……50g
ブラウンシュガー（またははちみつ）
　　……50g
ゴールデンシロップ……50g
全卵……25g
ベーキングパウダー……小さじ¼
ココアパウダー……小さじ1
シナモンパウダー……小さじ1
ジンジャーパウダー……小さじ1
カルダモンパウダー……小さじ¼
塩……少々
〈ロイヤルアイシング〉
　卵白……15g
　粉糖……100g
　レモン汁……小さじ½

準備
・バターは室温にもどす。
・薄力粉、ベーキングパウダー、スパイスなどの粉類は合わせてふるう。
・オーブンは170度に予熱する。

作り方

1　ビスケットをつくる
　①バターをゴムべらか泡立て器でなめらかにし、塩、ブラウンシュガー、ゴールデンシロップを加え、白っぽくなるまで混ぜる。
　②ときほぐした全卵を加え、さらに混ぜる。
　③粉類を3回に分けて加え、そのつどへらでさっくりと切るように混ぜる。
　④ラップで包み、冷蔵室で30分ほどやすませる。
　⑤台に打ち粉（分量外）をして生地を3〜4mm厚さにのばし、抜き型で抜く。
　⑥170度のオーブンで10〜12分焼く。
　⑦焼けたらすぐに金網に移し、冷ます。

2　ロイヤルアイシングをつくる
　①ボウルに卵白を入れ、泡立て器で軽くほぐす。
　②粉糖をふるい入れ、少しずつ混ぜ合わせる。
　③粉糖がなじんだらレモン汁を加え、泡立て器でよくかくはんする。
　④乾きやすいのでぬれ布巾で覆いながら使用する。余った場合は密閉容器に移し、ぴったりとラップをすれば、冷蔵室で2〜3日保存可能。

3　仕上げる
　ロイヤルアイシングをしぼり出し袋に入れたものでビスケットにデコレーションし、しっかり乾かす（トッピングをつける場合は乾く前に。食用色素などを加えて色づけしてもよい）。

風味豊かなジンジャービスケットの層に、洋酒やスパイスがきいたドライフルーツを刻んで加えたチーズケーキ層、クリーミーでなめらかなチーズケーキ層の、3層仕立てのスペシャルなケーキ。ジンジャーブレッドビスケットをのせて完成。

p.94 Strawberry & Cream Cheese Swiss Roll
ストロベリー＆クリームチーズスイスロール

材料（28cm×20cmの型1台分）

〈 スポンジ 〉
薄力粉……45g
バター（食塩不使用）……10g
全卵……2個
グラニュー糖……55g
〈 チーズクリーム 〉
　クリームチーズ……50g
　生クリーム（乳脂肪分47%）……75g
　グラニュー糖……5g
〈 ジャム 〉（つくりやすい量）
　いちご……200g
　上白糖……100g
　レモン汁……15mL
〈 仕上げ 〉
　生クリーム（乳脂肪分45〜47%）
　　……50g
　グラニュー糖……5g
　シェリー酒（スイートタイプ）……適量
　ホワイトチョコレート（板チョコ）
　　……適量

準備
・オーブンは190度に予熱する。
・天板に合わせてクッキングシートを敷
く。

作り方

1　スポンジ生地をつくる
　①ボウルに全卵、グラニュー糖を入れ、湯せんにかけて人肌
程度に温める。
　②ハンドミキサーで、白っぽくなるまでしっかりかくはんす
る。
　③薄力粉を一度にふるい入れ、なめらかになるまでゴムべら
でよく混ぜる。
　④バターをとかして一度に加え、生地がさらっとするまでゴ
ムべらで混ぜる。
　⑤天板に生地を流し入れ、スケッパーなどで均等に平らにな
るように広げる。
　⑥190度のオーブンで9分ほど焼き、焼き上がったら天板ご
とさかさまにひっくり返して自然に冷ます。

2　チーズクリームをつくる
　①生クリームは泡立て器でゆるく泡立てる。
　②別のボウルにクリームチーズ、グラニュー糖を入れ、なめ
らかになるまでゴムべらでよく混ぜる。
　③①を3回に分けて②に加え、そのつどよく混ぜる。

3　ジャムをつくる
　鍋にへたをとったいちご、上白糖、レモン汁を入れてしばら
くおき、上白糖がとけたら火にかけ、弱火で煮詰める。

4　仕上げる
　①冷めたスポンジの焼き面を上にし、シェリー酒をハケで表
面に軽く塗り、いちごジャムを薄く塗り広げる。
　②チーズクリームを塗り広げる。
　③長方形の短い辺からきっちりと巻き、冷蔵室でやすませる。
　④生クリームとグラニュー糖を合わせて泡立て器で泡立てた
ものをケーキの表面に塗り広げ、削ったホワイトチョコレー
トを全体にまぶしつける。

スイスロールは日常的に親しまれている素朴なケーキですが、
クリスマス用にリッチにアレンジしました。クリームチーズ
といちごジャムは相性ぴったり。生地に塗ったシェリー酒が、
大人の風味に仕上げます。

p.95 Christmas Pudding
クリスマスプディング

材料（750mLの耐熱容器1個分）

〈フルーツマリネ〉
　レーズン……120g
　サルタナレーズン……120g
　カラント……30g
　オレンジピール（シロップづけ）
　　……30g
　ドレンチェリー……20g
　レモンの皮……1個分
　ミックススパイス……6g
　ビール（ギネス）……30mL
　ブランデー……60mL
　ラム酒……30mL

〈プディング〉
　薄力粉……30g
　生パン粉……30g
　アーモンドパウダー……30g
　バター（食塩不使用）……90g
　ブラウンシュガー……45g
　黒糖……15g
　はちみつ……12g
　全卵……120g
　りんご……30g（正味・すりおろす）

準備

・オレンジピール、ドレンチェリーはこまかく刻み、すべての材料を合わせて保存容器に入れ、1カ月くらい熟成させてフルーツマリネをつくる。

作り方

1　プディングをつくる
①バターは粗めのチーズおろしでおろし、冷蔵室で冷やす。
②ボウルに①とプディング用の材料をすべて入れ、フルーツマリネを加え、木べらでよく混ぜる。

2　型を準備する
①耐熱容器の内側にやわらかくしたバター（分量外）をたっぷり塗る。
②底にクッキングシートを敷く。
③1の生地を詰めて、クッキングシートでふたをする。
④さらにアルミホイルで二重に包み、たこ糸で周囲を縛る。上部にたこ糸を渡して持ち手をつくる。

3　蒸す
①深めの鍋に網などをおき（プディングの底がじかにあたらないように）、2を入れて沸騰した湯を型の半分くらいの高さまで注ぐ。
②ふたをして中火で2時間30分ほど蒸す（必要なら湯を足す）。
③蒸し上がったら型のまま新しいクッキングシートとアルミホイルで包み直し、冷暗所で1カ月くらいかけて熟成させる。

4　仕上げ
①蒸し方と同様にして温め直すか、電子レンジで温める。
②型からはずし、軽く温めたブランデー（分量外）を振りかけ火をつける。
③切り分けたあと、好みでブランデーバターやラムバター（下記参照）、ホイップクリームなどを添えて食べる。

【ラムバター】　室温にもどしたバター（食塩不使用）125gを、木べらでなめらかにし、ブラウンシュガー112gを数回に分けて加え、混ぜる。軽くなってきたらラム酒大さじ4を4回に分けて加え、さらに混ぜると完成。好みでナツメグ、シナモンを加えて香りづけしても。クリスマススコーン（p.185）にも合います。

p.95 Mince Pie
ミンスパイ

材料（直径6cmのタルト型15個分）

〈 ミンスミート 〉
りんご……125g（正味）
レーズン……125g
サルタナレーズン……125g
オレンジピール（シロップづけ）
……12g
カレンズ……65g
レモンの皮としぼり汁……1個分
アーモンドパウダー……25g
ブラウンシュガー……大さじ1
シナモンパウダー……小さじ½
クローブパウダー……小さじ½
ナツメグ……小さじ¼
ブランデー……大さじ1
〈 スイートショートクラストペストリー 〉
薄力粉……200g
バター（食塩不使用）……100g
粉糖……40g
塩……1g
冷水……大さじ2

準備
・オーブンを100度に予熱する。
・バターは使う直前まで冷蔵室で冷や
す。

作り方

1 ミンスミートをつくる
①りんごは皮をむき、5mm角に切る。レーズン、サルタナレ
ーズン、オレンジピールはこまかく刻む。
②ボウルに①と、ほかの材料を入れて混ぜる。
③耐熱容器に移してふたをし、100度のオーブンで1時間ほ
ど焼く。
④冷暗所で保存する。1カ月くらいは保存可能。

2 スイートショートクラストペストリーをつくる
①大きめのボウルに粉と塩を入れ、軽く混ぜる。
②バターを加え、スケッパーで切るようにこまかくし、両手
をすり合わせるようにして粉チーズ状にする。
③粉糖を加えてざっと混ぜ、冷水を加えて、スケッパーで切
るようにして全体に水分を行き渡らせる。
④生地をひとまとめにしてラップで包み、冷蔵室で30分以
上やすませる。
⑤オーブンを170度に予熱する。

3 仕上げる
①やすませた生地を2mm厚さにのばし、直径7.5cmの菊型で
抜く。ふたになるほうは直径6cmの丸型で抜く。
②菊型の生地を型に敷き、フォークで底に穴をあける。
③1のミンスミートを適量詰め、丸型の生地でふたをし［A］、
ナイフなどで上部に空気穴をあける。
④170度のオーブンで15〜20分焼き、冷めたら型からはず
す。好みでグラニュー糖（分量外）を振る。

イギリスには、12月25日のクリスマスから12日間、ミンス
パイを毎日1個ずつ食べると、次の一年は幸せに過ごせると
いう言い伝えがあります。一年じゅう売られるほど定番のお
菓子ですが、クリスマスシーズンは特に人気です。

p.95 # Crumble Mince Pie
クランブルミンスパイ

材料（ミンスパイ15個分）

〈 ミンスパイ 〉
　p.190参照
〈 クランブル 〉
薄力粉……40g
グラニュー糖……20g
ブラウンシュガー……20g
バター（食塩不使用）……40g
アーモンドパウダー……40g
スライスアーモンド……10g

準備
・オーブンを150度に予熱する。

作り方

1　クランブルをつくる
①ボウルにスライスアーモンド以外の材料をすべて入れ、スケッパーで切るようにしながらバターをこまかくし、指先ですり合わせてしっとりとしたそぼろ状にする。
②スライスアーモンドを加え、手で混ぜる。

2　ミンスパイをつくる（p.190参照）
[A]のタイミングで1をのせる。

p.96 # Christmas Pudding Truffles
クリスマスプディングトリュフ

材料（15個分）

クリスマスプディング（p.189参照）
　……100g
セミスイートチョコレート……100g
生クリーム（35%）……40mL
〈 仕上げ 〉
　コーティング用チョコレート
　　……100g
　ホワイトチョコレート……20g
　アンゼリカ……適量
　赤い食用色素で着色したロイヤル
　　アイシング（p.187参照）……適量

作り方

1　トリュフをつくる
①クリスマスプディングはラップをして電子レンジ（600W）で1分ほど温め、ほぐす。
②セミスイートチョコレートは湯せんにかけてとかす。
③生クリームを小鍋に入れ、弱火で軽く沸騰させて②に加え、なめらかになるまで混ぜる。
④①のプディングに③を加え、ゴムべらで全体をよく混ぜ、バットに移して冷蔵室で冷やし固める。

2　仕上げる
①クリスマスプディング入りのチョコレートを15等分して手で丸める。
②コーティング用チョコレートを湯せんにかけてとかし、①をくぐらせ、金網にのせて余分なチョコレートをきり、冷蔵室で冷やし固める。
③湯せんにかけてとかしたホワイトチョコレートを小さなしぼり出し袋に入れ、②にしぼる。固まらないうちにアンゼリカをのせ、ロイヤルアイシングを少量しぼって飾りつける。

p.110 Beef & Ale Pie
ビーフ＆エールパイ

材料（2Lの耐熱容器1台分／4～5人分）

〈 シチュー 〉
牛角切り肉（シチュー用）……500g
玉ねぎ……2個
にんにく……2かけ
にんじん……1本
セロリ……½本
ブラウンマッシュルーム……1パック
薄力粉……大さじ3
ブラウンシュガー……小さじ1
ビール（エール）……1本（345mL）
スープストック（または固形スープの
　もと2個を湯でといたもの）……300mL
サラダ油……大さじ2
バター（食塩不使用）……大さじ1
ローリエ……1枚
塩……少々
こしょう……少々
〈 フレーキーショートクラスト
ペストリー（パイ生地） 〉
（つくりやすい量）
　薄力粉……175g
　バター（食塩不使用）……112g
　塩……3g
　水……60mL

準備
・パイ生地用のバターは使う直前まで冷
蔵室で冷やす。
・野菜類は皮をむき、玉ねぎとセロリは
薄切り、ほかは2cm角に切る。

作り方

1　パイ生地をつくる
①大きめのボウルに薄力粉と塩をふるい入れる。
②バターを加え、スケッパーで切るようにこまかくし、あず
き大にする。
③中央にくぼみをつくり、水を加えて、スケッパーで全体に
水分を行き渡らせる。
④冷蔵室で30分ほどやすませる。
⑤やすませた生地を台にのせて打ち粉（分量外）をし、長方形
にのばして三つ折りにする。90度回して向きを変え、同様
にのばして三つ折りにする。
⑥冷蔵室で10分ほどやすませる。
⑦やすませた生地を台にのせて打ち粉（分量外）をし、もう一
度三つ折りにし、冷蔵室で30分ほどやすませる。

2　シチューをつくる
①牛肉に塩、こしょうをし、薄力粉をまぶす。
②鍋にサラダ油を入れて中火で熱し、つぶしたにんにくを入
れ、香りが立ったら①の牛肉を入れ、全体に焼き色をつける。
③別皿にとり出し、鍋にバターを入れて、玉ねぎを炒める。
④玉ねぎがしんなりとして茶色くなったら、にんじん、セロ
リ、ブラウンマッシュルームを加えて軽く炒め合わせ、牛肉
を戻し、ブラウンシュガーを加えて混ぜる。
⑤エール、スープストック、ローリエを加え、ふたをし、沸
騰したら弱火にして、1時間ほど煮込む。
⑥牛肉がやわらかくなったらふたをはずし、適度なとろみが
つくまで煮詰め、火を消して粗熱をとる。

3　仕上げる（p.109参照）
①オーブンを200度に予熱する。
②1のパイ生地を、打ち粉（分量外）をした台にのせてのばし、
耐熱容器の大きさに合わせてナイフで余分なふちを切りとる。
③耐熱容器に2のシチューを入れ、中央にパイバードをおく。
④②で切りとった余分な生地を容器のふちに貼りつけ、とき
卵（分量外）をぬり、パイバードの口が出るように中央に切り
込みを入れた②の生地を耐熱容器の表面にかぶせてふたをす
る。
⑤とき卵（分量外）を表面にハケで塗り、200度のオーブンで
30～35分焼く。

かぶせたパイ生地がふたの役目をし、シチューの味がさらに
深まります。少し煮詰まるので、塩の量に注意。

p.112 Fish Pie
フィッシュパイ

材料（2Lの耐熱容器1台分／4人分）

〈フィリング〉
サーモン、鱈、えび、ほたて貝柱などを
　　　　　　合
　わせて……400g程度
バター（食塩不使用）……15g
白ワイン……大さじ1
塩……少々
こしょう……少々
〈マッシュポテト〉
　じゃがいも（男爵など）……5個
　（600g程度）
　牛乳……100mL
　バター（食塩不使用）……50g
　塩……少々
〈ソース〉
　玉ねぎ……½個
　バター（食塩不使用）……50g
　薄力粉……40g
　牛乳……400mL
　塩……少々

作り方

1　マッシュポテトをつくる
①じゃがいもは洗って鍋に入れ、かぶるくらいの水を入れて
中火〜強火にかけ、竹串がすっと通るくらいまでゆでる。
②湯をきり、熱いうちに皮をむき、マッシャーなどでつぶす。
③小鍋に牛乳とバターを入れて中火にかけ、バターがとける
程度に温める。
④厚手の鍋に②のじゃがいもを入れて、③を2〜3回に分け
て加え、木べらでなめらかになるように、力いっぱい混ぜる。
⑤塩を加える。乾燥しないようにぬれぶきんやラップをかけ
ておく。

2　ソースをつくる
①玉ねぎは粗めのみじん切りにする。
②厚手の鍋を弱火にかけてバターをとかし、玉ねぎを加え、
透き通るまで炒める。
③薄力粉を加えて木べらで混ぜ、牛乳を何回かに分けて加え、
弱火で10分ほど煮る。
④塩を加えて混ぜる。

3　フィリングをつくる
①サーモン、鱈は皮や骨を除き、食べやすい大きさに切る。
えびは殻をむいて背わたをとる。それぞれ水けをふきとり、
塩、こしょうを振る。
②フライパンにバターをとかして①を入れ、表面の色が変わ
るまで火を入れる。
③白ワインを振り、アルコール分を飛ばし、バター（分量外・
食塩不使用）を塗った耐熱容器に具を移す。
④フライパンに残った焼き汁をソースに加えて混ぜる。

4　仕上げる
①オーブンを200度に予熱する。
②耐熱容器に入れた3のフィリングに2のソースをかける。
③表面を1のマッシュポテトで覆う。
④200度のオーブンで20分ほど焼く。

マッシュポテトの代わりに、市販のパイ生地をふたにしても。
フィッシャーマンズパイやシーフードパイとも呼ばれ、海沿
いのPUBではメニューに登場します。

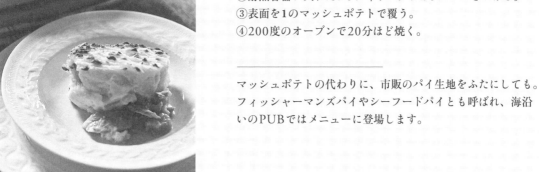

p.115 Toad in the Hole
トード・イン・ザ・ホール

【ソーセージミート】

材料 (つくりやすい量)

豚ひき肉(粗びき、脂が多いもの)……450g
パン粉……30g
塩……小さじ1強
白こしょう……小さじ½
フレッシュハーブ(セージ、タイム、ローズ
　マリーなど合わせて)……小さじ1
にんにく……½かけ
ナツメグ……少々
黒こしょう……少々

作り方

1　フレッシュハーブはこまかく
　刻む。にんにくはすりおろす。

2　ボウルにすべての材料を入
　れ、全体がなじむ程度に軽く混ぜる(練りすぎて手の熱が伝
　わらないようにする)。

3　ラップをして冷蔵室でひと晩ねかせる。

【トード・イン・ザ・ホール】

材料 (直径10cmの丸型4個分)

ソーセージミート……240～250g
薄力粉……90g
全卵……1個
卵白……大さじ1
牛乳……150mL
サラダ油……小さじ4
塩……1g
〈 オニオングレービーソース 〉
　赤玉ねぎ……1個
　バター……15g
　ソーセージミート……小さじ1強
　赤ワインビネガー……小さじ1
　小麦粉……大さじ1
　ポートワイン……50mL
　ベジタブルストック(または
　　チキンストック)……200mL強
　塩……少々
　こしょう……少々

作り方

1　生地を焼く
　①ボウルに薄力粉、塩をふるい入れ、中央にくぼみをつくり、
　全卵、卵白と、牛乳の半量を入れて泡立て器でなめらかにな
　るように混ぜ、残りの牛乳を加える。冷蔵室で30分以上や
　すませる。
　②オーブンを190度に予熱する。
　③ひと晩ねかせたソーセージミートを8等分し、細長く形づ
　くる。それぞれの型にサラダ油を小さじ1ずつ入れ、2本ず
　つ並べる。
　④190度のオーブンで7～8分焼く。
　⑤油が充分に出て熱くなったら、①の生地をすばやくそれぞ
　れの型に注ぎ入れる。もたもたしていると温度が下がり、ふ
　っくらとふくらまないので注意。
　⑥全体がきつね色にふくらむまで、さらに20分ほど焼く。

2　オニオングレービーソースをつくる
　①赤玉ねぎは皮をむき、厚めの薄切りにする。
　②鍋にバターをとかし、ソーセージミートを中火で炒め、①
　の赤玉ねぎを加えて薄い茶色になるまでよく炒める。
　③赤ワインビネガーを加え、酸味をとばすように炒める。
　④小麦粉を加え、茶色くなるまでさらに炒める。
　⑤ポートワインを加えてよく混ぜ、ストックを加え、軽く煮
　詰める。
　⑥塩、こしょうを加える。

3　仕上げる
　焼き上がった1を皿に出し、オニオングレービーソースをか
　ける。好みで温野菜を添える。

p.111 Sticky Toffee Pudding
スティッキートフィープディング

材料（1Lのプディング型1台分）

〈トフィーソース〉
バター（食塩不使用）……40g
ブラウンシュガー……100g
生クリーム（47%）……100mL
バニラビーンズ……½本
（バニラペーストでもよい）
〈プディング〉
デーツ（なつめやし）……100g
重曹……小さじ½
インスタントコーヒー……小さじ½
バター（食塩不使用）……60g
ブラウンシュガー……90g
全卵……2個
薄力粉……110g
ベーキングパウダー……4g
塩……適量

準備

・デーツはこまかく（2㎜角ほど）刻み、重曹、インスタントコーヒーを合わせ、熱湯150mLを注ぎ、ふたをして1時間ほどおく。
・プディング型にバター（分量外・食塩不使用）を塗り、底に丸く切ったクッキングシート敷く。
・薄力粉、ベーキングパウダー、塩を合わせる。
・バターは室温にもどす。

作り方

1 トフィーソースをつくる
①バニラビーンズのさやに縦に切り込みを入れ、ナイフの先で中の種をこそげ、さやごとすべての材料とともに鍋に入れる。
②中火にかけ、バターがとけるまでは木べらでかき混ぜる。すべてよく混ざったら弱火にし、かき混ぜずに5分ほど加熱する。バニラビーンズのさやをとり出す。

2 プディングをつくり、仕上げる
①ボウルにバターを入れ、泡立て器でやわらかくしてブラウンシュガーを加え、白っぽくなるまでかくはんする。
②ときほぐした全卵を少しずつ加え、そのつどよくかくはんする。
③薄力粉、ベーキングパウダー、塩を合わせたものを3回に分けてふるい入れ、そのつどゴムべらでさっくりと混ぜる。
④デーツは漬け汁ごとフォークなどでなめらかにし、③に加え、やさしくゴムべらで混ぜ合わせる。
⑤用意しておいた型に、1のトフィーソースを流し入れ、④の生地を入れ、表面をならして、ふたをする。ふたがない場合はクッキングシート、アルミホイルの順で覆い、周囲をたこ糸などできっちり縛る。
⑥ふたができる大きめの鍋の底に網などをおき、⑤のプディングをおく。
⑦熱湯を型の高さの⅔ほどを目安に注ぎ入れ、ふたをして軽い沸騰を保った状態で1時間ほど、弱火〜中火で加熱する（水分が減ったら熱湯を足す）。
⑧粗熱がとれたら、皿に移す。いっしょに蒸し上げたソースが表面にしみ込み、皿に流れるので、ソースごとサーブし、好みでホイップクリームやアイスクリームを添える。

同じ分量の生地をオーブンで焼くことも可能。18cm角の型に生地を流し、170度に温めたオーブンで30分ほど焼き、切り分けてソースを添えます。切った状態で冷凍しておくと、1回分ずつ楽しむことができます。

p.116 White & Dark Chocolate Roulade
ホワイト＆ダークチョコレートルーラード

材料（28cm×20cmの型1台分）

〈 スポンジ 〉
全卵……2個
グラニュー糖……65g
ダークチョコレート（カカオ分58%）
　……65g
ブランデー……小さじ⅔
〈 ホワイトチョコレートクリーム 〉
　ホワイトチョコレート……30g
　生クリーム（45〜47%）……100g

準備
・ダークチョコレート、ホワイトチョコ
レートはこまかく刻む。
・型にクッキングシートを敷く。
・オーブンは160度に予熱する。

作り方

1　スポンジをつくる
①ボウルにダークチョコレートを入れ、湯せんでとかす。
②2つのボウルに卵黄と卵白を分け入れる。
③ハンドミキサーで卵白をかくはんし、ボリュームが出たら
½量のグラニュー糖を数回に分けて加え、そのつどしっかり
泡立て、かたいメレンゲをつくる。
④卵黄のボウルに残りのグラニュー糖を加え、白っぽくなる
までハンドミキサーでかくはんする。
⑤①のとかしたチョコレートを加え、ハンドミキサーで混ぜ
る。
⑥③のメレンゲを3回に分けて加え、そのつど泡をつぶさな
いようにゴムべらでさっくりと混ぜる。型に流し入れ、160
度のオーブンで12〜13分焼く。
⑦焼き上がったら型からはずし、乾燥しないようにふきんな
どで覆って、網の上で冷ます。

2　ホワイトチョコレートクリームをつくる
①ホワイトチョコレートをボウルに入れる。
②生クリーム30gを鍋に入れ、弱火で温める。沸騰したら①
に注ぎ入れ、なめらかにとかす。
③残りの生クリームを②に加え、とろっとするまでゴムべら
でかくはんする。

3　仕上げる
①台にクッキングシートを敷き、粉糖（分量外）を振り、冷め
たスポンジを焼き面を下にしておく。
②クッキングシートをはずし、ホワイトチョコレートクリー
ムを塗り広げる（巻き終わりと端はクリームを塗らないよう
にする）。
③端から軽く巻き、巻き終わりを下にし、クッキングシート
で包んで冷蔵室で冷やす。

ルーラードとは「巻いたもの」を意味するフランス語。イギ
リスでは特に、メレンゲでつくったお菓子をルーラードと呼
びます。小麦粉が入らないので、とても口あたりが軽く、食
後にぴったりです。

p.118 Victoria Sandwich
ヴィクトリアサンドイッチ

材料 （直径15cmの丸型1台分）
※直径15cmのサンドイッチティン2枚使用

〈スポンジ〉
薄力粉……96g
バター（食塩不使用）……100g
グラニュー糖……100g
全卵……2個
ベーキングパウダー……4g
牛乳……10mL
〈バタークリーム〉
　バター（食塩不使用）……40g
　粉糖……40g
〈仕上げ〉
　ラズベリージャムまたは
　　ストロベリージャム……適量
　粉糖または微細グラニュー糖
　　……適量

準備
・バターと全卵は室温にもどす。
・型の周囲にバター（分量外・食塩不使用）
を薄く塗り、底にまるいクッキングシートを敷く。
・オーブンは170度に予熱する。

作り方

1　ボウルにスポンジ用のバターを入れて、泡立て器でなめらかにし、グラニュー糖を一度に加え、空気を含んで白っぽくなるまでかくはんする。
2　全卵をといて1に少しずつ加え、そのつどよく混ぜる。
3　薄力粉、ベーキングパウダーを合わせたものを3回に分けて加え、そのつどゴムべらで練らないように混ぜ、牛乳を加え、さらに混ぜる。
4　型に分け入れ、表面を平らにならす。
5　170度のオーブンに入れて20分ほど焼く。
6　焼き上がったら型からはずし、ひっくり返して冷ます。
7　バタークリーム用のバターをやわらかくなるまで泡立て器で練り、粉糖を加え、空気を含んで白っぽくなるまでかくはんする。
8　冷めたスポンジの1枚にジャム、もう1枚にバタークリームを塗って重ね合わせ、仕上げに粉糖または微細グラニュー糖を振る。

arrange1【レモンヴィクトリアサンドイッチ】p.147

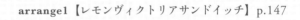

基本の作り方を参考にし、
3で、レモンの皮のすりおろし（2g）を加える。
8で、ジャムの代わりにレモンカード（p.167参照）を使用。

arrange2【チョコレートヴィクトリアサンドイッチ】

基本の作り方を参考にし、
3では、牛乳を加えず、別のボウルにココア（20g）と牛乳（35mL）を入れ、泡立て器でなめらかになるまで混ぜたものに、生地の¼量を加え、ゴムべらでさっくりと混ぜる。残りの生地を2回に分けて加え、ゴムべらでさっくりと混ぜる。

p.120 Chocolate Fudge Cake
チョコファッジケーキ

材料（直径15cmの丸型1台分）

〈スポンジ〉
　薄力粉……125g
　バター（食塩不使用）……55g
　セミスイートチョコレート……75g
　グラニュー糖……140g
　サラダ油……40mL
　牛乳……50mL
　水……75mL
　ココアパウダー……大さじ2
　ベーキングパウダー……6g
　全卵……1個
〈チョコレートクリーム〉
　セミスイートチョコレート……75g
　生クリーム……60g
　水あめ……20g

準備
・セミスイートチョコレートはそれぞれ
粗く刻む。
・粉類はよく混ぜ合わせる。
・オーブンは160度に予熱する。
・型にクッキングシートを敷く。

作り方

1　生地をつくる
①鍋にセミスイートチョコレート、グラニュー糖、バター、サラダ油、牛乳、水を入れて中火にかけ、木べらで混ぜながらチョコレートをとかす。完全に沸騰させたら火からおろす。
②ボウルに粉類をふるい入れ、①を注ぎながら泡立て器でだまにならないように混ぜ、よく混ざったら全卵を加えてさらに混ぜる。
③型に生地を流し、160度のオーブンで40〜50分焼く。
④焼き上がったら型からはずす。

2　チョコレートクリームをつくる
①セミスイートチョコレートをボウルに入れる。
②鍋に生クリームと水あめを入れて中火にかけ、軽く沸騰させたら火からおろして①に加え、ゴムべらでなめらかになるまで混ぜ合わせる。
③バットなどに流し入れ、粗熱がとれたら冷蔵室で冷やす（使う前に室温にもどしておくと塗りやすい）。

3　仕上げる
冷めたスポンジの厚みを半分にし、1枚に適度なかたさになったチョコレートクリームの半量を塗り、もう1枚を重ね、残ったチョコレートクリームを表面に塗る。

常温で食べるとしっかりとした食感で、紅茶に合うティータイムにぴったりのケーキですが、電子レンジ600Wで30〜40秒温めると、生地がふんわりしっとりして、クリームによく合う食後のプディング（デザート）になります。

p.122 Coffee & Walnut Cake
コーヒー&ウォールナッツケーキ

材料（直径15cmの丸型1台分）
※直径15cmのサンドイッチティン2枚使用

〈スポンジ〉
　薄力粉……96g
　バター（食塩不使用）……100g
　グラニュー糖……100g
　全卵……2個
　ベーキングパウダー……4g
　インスタントコーヒー……小さじ2
　水……大さじ1
〈コーヒーバタークリーム〉
　バター（食塩不使用）……75g
　粉糖……75g
　インスタントコーヒー……小さじ1
　ラム酒……小さじ1
〈仕上げ〉
　くるみ……40〜50g

準備
・バターと全卵は室温にもどす。
・型の周囲にバター（分量外・食塩不使用）
を薄く塗り、底にまるいクッキングシー
トを敷く。
・オーブンは170度に予熱する。

作り方

1　スポンジをつくる
①ボウルにバターを入れて、泡立て器でなめらかにし、グラ
ニュー糖を一度に加え、空気を含んで白っぽくなるまでかく
はんする。
②全卵をといて①に少しずつ加え、そのつどよく混ぜる。
③薄力粉、ベーキングパウダーを合わせたものを3回に分け
て加え、そのつどゴムべらで練らないように混ぜる。
④水でといたインスタントコーヒーを加え、なめらかになる
まで混ぜる。
⑤型に分け入れ、表面を平らにならす。
⑥170度のオーブンに入れて20分ほど焼く。
⑦焼き上がったら型からはずし、ひっくり返して冷ます。

2　コーヒーバタークリームをつくる
①バターをやわらかくなるまで泡立て器で練り、粉糖を加え、
空気を含んで白っぽくなるまでかくはんする。
②インスタントコーヒーをラム酒でといたものを加え、混ぜ
る。

3　仕上げる
①150度のオーブンでくるみを5〜6分から焼きする。
②冷めたスポンジの1枚にコーヒーバタークリームの半量を
塗り、もう1枚を重ね、残ったクリームで表面を仕上げる。
③やわらかいうちにこまかく刻んだくるみを飾る。

イギリスのティールームでは定番の、コーヒー&ウォールナ
ッツケーキ。くるみののせ方はさまざまで、写真のように砕
いたものを全面にまぶしたタイプのほか、ハーフカットした
大きめのくるみをアクセントにおいたタイプもあります。

p.120 Lemon Drizzle Cake
レモンドリズルケーキ

材料（直径15cmの丸型1台分）
※直径15cmのサンドイッチティン2枚使用

薄力粉……96g
バター（食塩不使用）……100g
グラニュー糖……100g
全卵……2個
ベーキングパウダー……4g
レモンの皮（すりおろしたもの）……2g
牛乳……大さじ1
〈 レモンバタークリーム 〉
　バター（食塩不使用）……50g
　粉糖……50g
　レモン汁……小さじ1
〈 レモンシロップ 〉
　レモン汁……25mL
　グラニュー糖……20g

準備
・バターと全卵は室温にもどす。
・薄力粉、ベーキングパウダーを合わせ
る。
・型の底にクッキングシートを敷く。
・オーブンは170度に予熱する。

作り方

1　スポンジをつくる
①ボウルにバターを入れて泡
立て器でなめらかにし、グラ
ニュー糖を一度に加え、空気を含んで白っぽくなるまでかく
はんする。
②全卵をといて①に少しずつ加え、そのつど混ぜる。
③粉類を合わせたものを3回に分けて加え、そのつどゴムベ
らで練らないように混ぜる。
④レモンの皮と牛乳を加え、なめらかになるまで混ぜる。
⑤型に分け入れ、表面を平らにならす。
⑥170度のオーブンに入れて20分ほど焼く。
⑦焼き上がったら型からはずし、ひっくり返して冷ます。

2　仕上げる
①バターをやわらかくなるまで泡立て器で練り、粉糖を加え、
空気を含んで白っぽくなるまでかくはんし、レモン汁を加え
て混ぜ、レモンバタークリームをつくる。
②レモン汁とグラニュー糖を合わせて混ぜ、レモンシロップ
をつくる。
③スポンジのクリームを塗る面とトップになる面に竹串で数
カ所穴をあけ、ハケを使ってレモンシロップをしみ込ませる。
④スポンジにレモンバタークリームを塗り、サンドする。

p.124 Rock Cake
ロックケーキ

材料（12個分）

薄力粉……200g
バター（食塩不使用）……75g
ベーキングパウダー……8g
ミックススパイス……小さじ½
グラニュー糖……75g
レーズン……75g
全卵……1個
牛乳……大さじ1
塩……少々

準備
・バターは冷蔵室で冷やす。
・オーブンは180度に予熱する。

作り方

1　薄力粉とベーキングパウダー、
ミックススパイス、塩をボウ
ルにふるい入れ、バターを加
え、スケッパーで切るようにこまかくし、両手をすり合わせ
るようにして粉チーズ状にし、グラニュー糖を加える。
2　レーズンを加え、混ぜる。
3　全卵と牛乳を合わせたものを加え、生地がひとまとまりにな
るように調整する。
4　12等分し、手とフォークで軽くまとめ、クッキングシート
を敷いた天板に間隔をおいて並べる。
5　ゴールデンカスターシュガー（分量外、なければふつうのグ
ラニュー糖）を振り、180度のオーブンで13〜15分焼く。

p.123 Blondies
ブロンディーズ

材料（18cmの角型1台分）

薄力粉……160g
バター（食塩不使用）……120g
ブラウンシュガー……120g
塩……1g
全卵……1個
ベーキングパウダー……3g
くるみ……65g
チョコチップ（ホワイト）……65g
牛乳……大さじ1
バニラエッセンス……少々

準備
・バターは室温にもどす。
・くるみは150度で5分ほどから焼きし、
粗く刻む。
・型にクッキングシートを敷く。
・オーブンは160度に予熱する。

作り方

1 ボウルにバターを入れて泡立て器でなめらかにし、ブラウンシュガー、塩を加え、白っぽくなるまでかくはんする。
2 全卵を数回に分けて加え、混ぜる。
3 薄力粉とベーキングパウダーを合わせたものを3回に分けてふるい入れ、そのつどゴムべらでさっくりと混ぜる。
4 くるみとチョコチップ、バニラエッセンスを加えて混ぜる。
5 牛乳を加えて混ぜたら型に入れ、160度のオーブンで30分ほど焼く。

———————————

ブラウンシュガーを使うことで味わい深い風味になり、ブロンド色に焼き上がります。ホワイトチョコチップのやさしい甘さとバニラの香り、くるみの食感がアクセントに。

p.123 Banana & Date Traybake
バナナ&デーツのトレイベイク

材料（18cmの角型1台分）

薄力粉……125g
バター（食塩不使用）……80g
ブラウンシュガー……75g
全卵……1個
バナナ……200g（正味）
ベーキングパウダー……2g
重曹……2g
デーツ（なつめやし）……50g
シナモン、ナツメグ……各少々
くるみ、アーモンド……各適量

準備
・バターと全卵は室温にもどす。
・バナナはフォークでつぶす。
・くるみ、アーモンドは刻む。
・型にクッキングシートを敷く。
・オーブンは170度に予熱する。

作り方

1 ボウルにバターを入れ、泡立て器でなめらかにする。
2 ブラウンシュガーを加え、かくはんする。
3 ときほぐした全卵を一度に加えて混ぜ、バナナを加えてさらに混ぜ合わせる。
4 薄力粉、ベーキングパウダー、重曹を合わせたものを3回に分けて加え、そのつどゴムべらでよく混ぜ、さらにデーツ、シナモン、ナツメグを加え混ぜる。
5 型に入れ、表面にくるみとアーモンドを散らし、170度のオーブンで30〜35分焼く。

———————————

デーツは、生地に自然な甘みとコクを加えてくれます。砂糖の量が少なめでバナナの水分が多いため、焼き上がったら、できるだけ早めに食べ切ってください。

p.139 Egg Mayonnaise & Watercress Sandwich
エッグマヨネーズ＆クレソンサンドイッチ

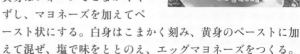

材料 (12切れ分)

食パン(12枚切り)……4枚
ゆで卵……2個
マヨネーズ……大さじ2強
クレソン……1束
バター……適量
マスタード……適量
塩……少々

準備
・バターは室温にもどす。

作り方

1　ゆで卵は黄身と白身に分け、黄身はフォークでこまかくくずし、マヨネーズを加えてペースト状にする。白身はこまかく刻み、黄身のペーストに加えて混ぜ、塩で味をととのえ、エッグマヨネーズをつくる。
2　食パンを4枚並べ、すべてにバターを塗り広げる。2枚にはさらにマスタードを薄く塗る。
3　1のエッグマヨネーズを2等分し、食パン2枚に四隅まで平らにならして塗り、クレソンを並べてのせて食パンではさむ。
4　乾燥しないようにラップでしっかり包み、冷蔵室で冷やす。
5　パンの耳を切り落とし、縦に2等分、方向を変えて3等分する。

p.139 Smoked Ham & Chutney Sandwich
スモークハム＆チャツネサンドイッチ

材料 (12切れ分)

食パン(12枚切り)……4枚
スモークハム……4枚
アップルチャツネ(下記参照)…適量
バター……適量

準備
・バターは室温にもどす。

作り方

1　食パンを4枚並べ、2枚にバター、2枚にチャツネを薄く塗る。
2　食パン2枚にスモークハムを並べて食パンではさむ。
3　乾燥しないようにラップでしっかり包み、冷蔵室で冷やす。
4　パンの耳を切り落とし、縦に2等分、方向を変えて3等分する。

【アップルチャツネ】

材料

玉ねぎ……40g
ブラムリー……150g (正味)
サルタナレーズン……20g
コリアンダーパウダー……小さじ½
パプリカ……小さじ½
ミックススパイス……小さじ¼
塩……小さじ½
グラニュー糖……55g
りんご酢……50ml

作り方

1　玉ねぎは1cm角に切る。ブラムリーは皮をむいて1cm角に切る。
2　鍋にすべての材料を入れて中火にかけ、ときどき混ぜながら煮詰める。
3　清潔な瓶に入れ、冷蔵室で保存する。

p.139 Coronation Chicken Sandwich
コロネーションチキンサンドイッチ

材料（12切れ分）

食パン（12枚切り）……4枚
バター……適量
マスタード……少々
〈フィリング〉
　鶏むね肉……150g（½枚程度）
　玉ねぎ（みじん切り）……⅛個
　カレー粉……小さじ½強
　マンゴーチャツネ……大さじ½
　マヨネーズ……大さじ2程度
　レモン汁……少々
　レーズン……大さじ1程度
　塩……少々
　こしょう……少々

準備

・バターは室温にもどす。
・レーズンは水かぬるま湯でもどす。

作り方

1　鶏肉はアクをとりながら弱火で15〜20分ゆで（あれば香味野菜や粒こしょうも入れる）、ゆで汁のまま冷ます。
2　フライパンを熱してサラダ油（分量外）を入れ、中火で玉ねぎをしんなりとするまで炒める。カレー粉を加えてさらに軽く炒め、冷ましておく。
3　鶏肉は1cm角に切って、ボウルに入れ、2、マンゴーチャツネ、マヨネーズ、レモン汁、水をきったレーズンを加え、よく混ぜ、塩、こしょうで味をととのえる。
4　食パンを4枚並べ、すべてにバターを塗り広げる。2枚にはさらにマスタードを塗る。
5　3のフィリングをのせて食パンではさむ。
6　乾燥しないようにラップでしっかり包み、冷蔵室で冷やす。
7　パンの耳を切り落とし、縦に2等分、方向を変えて3等分する。

p.139 Roast Beef, Wasabi Flavoured Sandwich
ローストビーフ、わさび風味のサンドイッチ

材料（12切れ分）

食パン（12枚切り）……4枚
ローストビーフ……60g〜70g
トマト（薄切り）……2切れ
玉ねぎ……少々
バター……適量
マヨネーズ……大さじ2
わさび……少々
黒こしょう……少々

準備

・バターは室温にもどす。
・トマトの薄切りは種をとり、キッチンペーパーで水けをしっかりとる。
・玉ねぎは繊維に沿って薄切りにし、水にさらして、キッチンペーパーで水けをとる。

作り方

1　マヨネーズ、わさびを混ぜてわさびマヨネーズをつくる。
2　食パンを4枚並べ、すべてにバターを塗り広げる。2枚にはさらにわさびマヨネーズを塗る。
3　わさびマヨネーズを塗った面にローストビーフ、トマト、玉ねぎを重ね、黒こしょうを少々振って食パンではさむ。
4　乾燥しないようにラップでしっかり包み、冷蔵室で冷やす。
5　パンの耳を切り落とし、縦に2等分、方向を変えて3等分する。

フィンガーサンドイッチは、手にとったときにパンとフィリングがばらばらにならないように注意。パンのすみずみまでしっかりバターを塗ってパンを密着させることと、葉ものを重ねないのがコツです。

p.139 # Cucumber & Herb Cream Sandwich
キューカンバー＆ハーブクリームサンドイッチ

材料（12切れ分）

食パン（12枚切り）……4枚
きゅうり……1本
レモン……少々
バター……適量
〈 ハーブクリーム 〉
　クリームチーズ……35g
　ミント、ディルなど……各適量
　塩……少々
　こしょう……少々

準備
・バターは室温にもどす。
・きゅうりはへたをとって長さを半分に
してから、縦に薄くスライスし、レモン
汁を振りかける。
・ミント、ディルはこまかく刻み、やわ
らかくしたクリームチーズ、塩、こしょ
うと混ぜてハーブクリームをつくる。

作り方

1 食パンを4枚並べ、2枚にバター、2枚にはハーブクリームを
適量塗り広げる。
2 バターを塗った面に、キッチンタオルで水けをふきとったき
ゅうりをきれいに並べ、ハーブクリームを塗った食パンでは
さむ。
3 乾燥しないようにラップでしっかり包み、冷蔵室で冷やす。
4 パンの耳を切り落とし、縦に2等分、方向を変えて3等分する。

きゅうりの皮がかたい場合は、皮をむいても。スライサーを
使うと水分が出やすいので、ナイフで切ります。きゅうりの
断面が美しく見えるよう、切る方向に気をつけます。

p.139 # Salmon & Sour Cream Sandwich
サーモン＆サワークリームサンドイッチ

材料（12切れ分）

食パン（12枚切り）……4枚
スモークサーモン……60g
サワークリーム…60g
玉ねぎ（みじん切り）……大さじ⅔
ディル……適量
こしょう……少々
バター……適量

準備
・バターは室温にもどす。
・サーモンは2〜3cm幅に切る。
・玉ねぎは水にさらしてから、よく水け
をきる。
・ディルはこまかく刻む。

作り方

1 サワークリームはやわらかくなるまでゴムべらで練り、サー
モン、玉ねぎ、ディル、こしょうを加え、軽く混ぜる。
2 食パンを4枚並べ、すべてにバターを塗り広げる。
3 1を2等分し、食パン2枚に四隅まで平らにならして広げ、食
パンではさむ。
4 乾燥しないようにラップでしっかり包み、冷蔵室で冷やす。
5 パンの耳を切り落とし、縦に2等分、方向を変えて3等分する。

スモークサーモンの形がそろわないときにも便利なフィリン
グです。秋のティーパーティー（p.50-51）ではパンを丸い型
で抜き、ラディッシュと小えびを添えました。

p.145 Strawberry Sponge
ストロベリースポンジ

材料（直径20cmの丸型1台分）

〈スポンジ〉
バター（食塩不使用）……100g
グラニュー糖……100g
全卵……2個
薄力粉……96g
ベーキングパウダー……4g
牛乳……10mL
〈仕上げ〉
　いちご……約½パック
　生クリーム（47%）……100mL
　グラニュー糖……10g

準備
・バターと全卵は室温にもどす。
・型の底と周囲にクッキングシートを敷
く。
・オーブンは170度に予熱する。

作り方

1　スポンジをつくる
①ボウルにバターを入れて、泡立て器でなめらかにし、グラ
ニュー糖を一度に加え、空気を含んで白っぽくなるまでかく
はんする。
②全卵をといて少しずつ加え、そのつどよく混ぜる。
③薄力粉、ベーキングパウダーを合わせたものを3回に分け
て加え、そのつどゴムべらで練らないように混ぜる。
④粉けがなくなったら牛乳を加え、ざっと混ぜる。
⑤用意した型に入れ、表面を平らにならす。
⑥170度のオーブンに入れ、25〜30分焼く。
⑦焼き上がったら型からはずす。

2　仕上げる
①いちごは洗ってへたをとり、水けをふきとって縦半分に切
り、グラニュー糖（分量外）を適量振りかけて、ざっと混ぜる。
②ボウルに生クリーム、グラニュー糖を入れ、泡立て器でか
ために泡立てる。
③冷めたスポンジの上面に②のクリームを塗り広げ、①のい
ちごをクリームの上に並べる。

スポンジはヴィクトリアサンドイッチと同じですが、上面に
クリームを塗っていちごを並べた、華やかな仕上がり。サン
ドイッチティン2枚に焼き、サンドイッチケーキとしても楽
しめます。

p.144 Strawberry Meringue Kisses
ストロベリーメレンゲキス

材料（10〜12個分）

〈 メレンゲ 〉
　卵白……40g
　グラニュー糖……40g
　粉糖……40g
　ストロベリーパウダー……小さじ½
　食用色素（赤）……少々
〈 クリーム 〉
　いちご……35g
　グラニュー糖……5g
　生クリーム（47%）……70g

準備
・オーブンを100度に予熱する。

作り方

1　メレンゲをつくる
　①ボウルに卵白を入れ、泡立て器でかくはんする。
　②ボリュームが出てきたら、グラニュー糖を3回に分けて加え、そのつどしっかり泡立て、かたいメレンゲをつくる。
　③粉糖とストロベリーパウダーをふるい入れて食用色素を加え、ゴムべらでさっくりと混ぜ、星口金をつけたしぼり出し袋に入れ、クッキングシートを敷いた天板に丸くしぼる。
　④100度のオーブンで1時間ほど焼く。

2　クリームをつくり、仕上げる
　①いちごはこまかく刻み、グラニュー糖と合わせる。
　②ボウルに生クリームを入れ、かために泡立てる。
　③①と②を合わせてしぼり出し袋に入れ、メレンゲ2枚の間にしぼってサンドする。

p.146 Strawberry Cupcake
ストロベリーカップケーキ

材料（4.5cm×3cmのカップ5個分）

〈 カップケーキ 〉
薄力粉……50g
バター（食塩不使用）……50g
ベーキングパウダー……2g
全卵……1個
グラニュー糖……45g
バニラエッセンス……少々
〈 ストロベリークリーム 〉
バター（食塩不使用）…30g
粉糖…60g
ストロベリーパウダー…5g
牛乳…小さじ1

準備
・バターと全卵は室温にもどす。
・オーブンは180度に予熱する。

作り方

1　カップケーキをつくる
　①ボウルに薄力粉、ベーキングパウダーを合わせてふるい入れ、バター、全卵、グラニュー糖を加える。
　②泡立て器で全体が均一になるまでかくはんする。
　③バニラエッセンスを加え、混ぜる。
　④しぼり出し袋に生地を入れ、型に分け入れ、180度のオーブンで15分ほど焼く。

2　ストロベリークリームをつくる
　①材料をすべてボウルに入れて泡立て器でかくはんし、クリーム状にする。
　②星口金をつけたしぼり出し袋に入れてケーキの上にしぼり、好みでトッピングシュガーをのせる。

p.146 Sherry Trifle
シェリートライフル

材料（グラス4個分または小グラス12個分）

〈ジェノワーズ〉
　p.164参照
〈ベリーのゼリー〉
　ラズベリー……50g
　ストロベリー……50g
　グラニュー糖……50g
　アガー……3g
　水……50g
　レモン汁……少々
　シェリー酒……適量
〈カスタード〉
　牛乳……220g
　バニラビーンズ……½本
　卵黄……2個分
　上白糖……50g
　薄力粉……10g
　※好みの洋酒を加えても
〈ホイップクリーム〉
　生クリーム……120g
　グラニュー糖……12g
〈仕上げ〉
　スライスアーモンド、ベリー類、
　　ミントなどお好みで

準備
・ジェノワーズ生地の型にクッキングシートを敷く。
・オーブンは180度に予熱する。

作り方

1　ジェノワーズ生地をつくる（p.164参照）

2　ベリーのゼリーをつくる
　①グラニュー糖の半量とアガーをよく混ぜる。
　②鍋にラズベリー、ストロベリー、残りのグラニュー糖、水、レモン汁を入れて中火にかける。
　③軽く沸騰してきたら①を一度に加えてよく混ぜ、軽く再沸騰させる。
　④火を止め、温かいうちにグラスに均等に流す。
　⑤少し固まってきたら、使うグラスで型抜きしたジェノワーズを重ね、シェリー酒をハケでしみ込ませる[A]。

3　カスタードをつくる
　①鍋に牛乳とバニラビーンズを合わせて中火にかけ、沸騰直前まで温める。
　②ボウルに卵黄と上白糖を入れ、泡立て器でかくはんし、ふるった薄力粉を加え、軽く混ぜる。
　③①の半量を加え、混ぜながらなめらかにし、残りも加え、こして鍋に戻す。
　④鍋を強火にかけ、木べらで混ぜながら充分に火を通す。
　⑤氷水にあてたボウルに移し、ゴムべらで混ぜながら粗熱をとり、好みで洋酒を加える。
　⑥[A]の上に流し、冷蔵室で冷やす[B]。

4　ホイップクリームをつくり、仕上げる
　①ボウルに生クリーム、グラニュー糖を入れ、氷水にあてながら泡立て器で八分立てにする。
　②スプーンで[B]の上面に生クリームをのせる。小さいグラスを使う場合はしぼり出し袋で入れたほうがきれいに仕上がる。
　③冷蔵室で冷やす。
　④好みで160度のオーブンで軽く色づくまで焼いたアーモンドやベリー類を、冷やしたトライフルに飾って仕上げる。

────────────────

大きな型でつくってもよい。[B]の冷やす時間は最低でも1時間以上とると、全体がなじんでおいしい。シェリー酒はスイートタイプ（ペドロヒメネス）を使用しています。

p.146 Mini Battenberg Cake
ミニバッテンバーグケーキ

材料（約5cm×5cm×18cm 1.5本分）

〈 スポンジ生地 〉
（18cmの角型1台使用）
　バター（食塩不使用）……120g
　塩……0.5g
　上白糖……120g
　全卵……2個
　薄力粉……120g
　ベーキングパウダー……3g
　食用色素（赤またはピンク）……少々
〈 マジパン 〉
　アーモンドパウダー……80g
　粉糖……80g
　水……16mL
　アーモンドエキストラクト……少々
〈 仕上げ用 〉
　好みのジャム（アプリコット、
　　ラズベリーなど）……適量

準備
・バターと全卵は室温にもどす。
・角型をアルミホイルで2等分に仕切り、
　それぞれクッキングシートを敷く。
・オーブンは170度に予熱する。

作り方

1　スポンジ生地をつくる
①ボウルにバターを入れ、泡立て器でなめらかになるまで混ぜる。
②上白糖と塩を加え、よく混ぜる。
③空気を含んで白っぽく軽くなるまで混ぜたら、ときほぐした全卵を少しずつ加え、そのつどよく混ぜる。
④薄力粉とベーキングパウダーを合わせたものを3回に分けてふるい入れ、そのつどゴムべらで混ぜる。
⑤半量を片方の型に入れ、残りの生地を食用色素でピンクに色づけし、もう一つの型に入れる。
⑥170度のオーブンで20〜25分焼く。
⑦焼き上がったらすぐに型からはずし、冷ます。

2　マジパンをつくる
ボウルにアーモンドパウダー、粉糖をふるい入れ、水とアーモンドエキストラクトを加え、木べらでよく練る。

3　仕上げる
①2種のスポンジの焼き目を落とし、2.5cm角の棒状になるよう短い辺を3等分する。
②各色2本ずつの断面にジャムを薄く塗り、ぴったりと格子模様に組み合わせる。
③マジパン100gをラップではさみ、めん棒で幅18cm、奥行き22cmほどに薄くのばす。
④ケーキの表面に薄くジャムを塗り、マジパンで包む。

※各色2.5cm幅が1本ずつ残るので、長さを半分にカットし、格子に組み合わせ、残りのマジパンを使い、1/2本つくれる。

マジパンとは、アーモンドと砂糖でつくられたペーストです。接着剤としての酸味のあるジャムとマジパンが、味、食感、形をうまくまとめています。春らしく食紅で色づけしても。

Bakewell Tart
ベイクウェルタルト

p.148

材料（直径20cmのタルト型1台分）

〈ショートクラストペストリー〉
　薄力粉……200g
　バター（食塩不使用）……100g
　塩……2g
　冷水……大さじ3
〈アーモンドバタークリーム〉
　アーモンドパウダー……90g
　バター（食塩不使用）……90g
　グラニュー糖……90g
　全卵……90g
　薄力粉……15g
　アーモンドエキストラクト
　　……好みで少々
〈仕上げ用〉
　ラズベリージャム……適量
　スライスアーモンド……適量

準備
・ショートクラストペストリー用のバターは、使う直前まで冷蔵室で冷やす。
・アーモンドバタークリーム用のバターは、室温にもどす。
・オーブンは180度に予熱する。

作り方

1　ショートクラストペストリーをつくる
　①大きめのボウルに薄力粉と塩をふるい入れる。
　②バターを加え、スケッパーなどでバターを切るようにこまかくし、両手をすり合わせるようにして粉チーズ状にする（強くしすぎると生地がひとまとまりになってしまうので注意する）。
　③冷水を加え、スケッパーで切るように全体に水分を行き渡らせる。生地の状態を見て水分が足りないようなら、さらに冷水をかげんしながら加える。
　④生地をひとまとめにしてラップで包み、冷蔵室で30分以上やすませる。
　⑤打ち粉（分量外）をした台にのせ、めん棒で2mm厚さにのばし、型に敷く。
　⑥フォークで底に穴をあけ、使う前に冷蔵室で10分以上やすませる。

2　アーモンドバタークリームをつくる
　①ボウルにバターを入れて泡立て器でなめらかにし、グラニュー糖を加えて、白っぽくなるまでかくはんする。
　②ときほぐした全卵を数回に分けて加え、分離しないようにそのつどかくはんする。
　③アーモンドパウダーと薄力粉を合わせたものをふるい入れ、なめらかになるまで混ぜる。アーモンドエキストラクトで風味づけする。

3　仕上げる
　①1のタルト生地の底に、ラズベリージャムを塗り広げる。
　②アーモンドバタークリームを①に詰めて、表面にアーモンドを散らす。
　③180度のオーブンで35〜40分焼く。
　④オーブンから出したら、型からはずして冷ます。

ベイクウェルタルトといえばラズベリージャムがスタンダードですが、チェリージャムでつくるのもおすすめ。生地に加える水が多すぎると縮みやすくなるので、注意しましょう。

p.150 Buttermilk Scones
バターミルクスコーン

材料（直径5.2cm 9個分）

バターミルク……120mL
　（プレーンヨーグルトと牛乳を60mL
　ずつ、または牛乳120mLにレモン汁
　小さじ1で代用可能）
薄力粉……225g
バター（食塩不使用）……50g
ベーキングパウダー……8g
グラニュー糖……40g

準備
・バターは1cm角に切り、冷蔵室で冷や
　す。
・オーブンは190度に予熱する。

作り方

1 薄力粉とベーキングパウダー
　をボウルにふるい入れてバタ
　ーを加え、スケッパーで切る
　ようにこまかくし、両手をすり合わせるようにして粉チーズ
　状にし、グラニュー糖を加える。
2 バターミルクを、生地がひとかたまりになるまで調節して加
　える。
3 打ち粉（分量外）をした台にのせ、スケッパーで切って重ねる
　工程を5回ほどくり返す。
4 生地を台の上で軽くこね、めん棒で2.5cm厚さにのばし、丸
　型で抜く。
5 クッキングシートを敷いた天板に並べる。
6 牛乳（分量外）を表面に塗り、190度のオーブンで13〜15分
　焼く。

p.150 Date Scones
デーツのスコーン

材料（直径5.2cm 9個分）

デーツ（なつめやし）……35g
中力粉……150g
薄力粉……50g
薄力全粒粉……25g
バター（食塩不使用）……50g
ベーキングパウダー……7g
グラニュー糖……40g
全卵……1個
牛乳……70〜80mL
塩……1g

準備
・バターは1cm角に切り、冷蔵室で冷や
　す。
・デーツはこまかく刻む。
・オーブンは190度に予熱する。

作り方

1 粉とベーキングパウダーをボ
　ウルにふるい入れてバターを
　加え、スケッパーで切るよう
　にこまかくし、両手をすり合わせるようにして粉チーズ状に
　し、グラニュー糖を加える。
2 デーツを加え、混ぜる。
3 全卵と牛乳を合わせてとき、卵液をつくる。仕上げ用に卵液
　を少し残しておく。
4 2に3を少しずつ加え、ひとまとめにする。
5 打ち粉（分量外）をした台にのせ、スケッパーで切って重ねる
　工程を3回ほどくり返す。
6 生地を台の上で軽くこね、めん棒で2.5cm厚さにのばし、丸
　型で抜く。
7 クッキングシートを敷いた天板に並べる。
8 残しておいた卵液を表面に塗り、190度のオーブンで13〜
　15分焼く。

ESSAY

エッセイ

ヨーロッパ大陸からドーバー海峡を越え、イギリス本島を空から見る。緑の草原と茶色い土がパッチワークのように連なり、ところどころに灰色の石の教会が見え、「異国」へ来たことを実感した。

どうして来てしまったのだろうと、なぜか後悔した気持ちになったことをよく覚えている。

ヒースロー空港からホテルがあるロンドンのマーブルアーチへは、バスを選んだ。バスの車窓からイギリスの風景を見たかったのだ。

紳士淑女の国、イギリス。

イメージはすらっと背の高い白人の姿。ところが、バスが走りだし目にとび込んできたのは、肌の色が白くはない人たちばかり。頭にターバンを巻いたり、布で身を覆っていたり。小さな家々がくっつく町並み、道路脇にはボロボロの車が列をなし、商店も見た感じはアジアの街角のよう。

イメージしていたイギリスって？　ここでさらに後悔の念は強まる。

バスはヒースロー空港からロンドンの中心まで東にすすみ、ハマースミス、アールズコート、サウスケンジントンの高級住宅街を抜け、ハロッズ前からナイツブリッジ、ハイドパークコーナーからハイドパーク沿いのパークレーンを通り、マーブルアーチへとすすんでいく。

ロンドンをご存じのかたならお気づきかと思うが、とても美しい道のりだ。私がイメージしていたロンドンらしい石造りの瀟洒で貫禄のある建築物が連なっている。そして、ハイドパークの鮮烈な木々の緑に包まれた。

Essay I

ロンドン・英国のこと

ロンドンのレストランの実力

この国に出会えたことの幸運、そうして自分の役割について気づかされた瞬間でもあった。

人々がつくった風景。そこに人々が生活し、長い時代を経て今も実在している。想像をはるかに超える、人生最大の衝撃だった。バスのなかで涙があふれて止まらなかった。感情があふれ、動揺して、ロンドンを知らずに生きていた自分に対する怒りを抑えるのに必死だった。

翌早朝のハイドパークは、陽が昇り始め、朝霞に覆われていた。霧のなかに二つの明かりが灯り、こちらへ近づいてくる。あらわれたのは、白馬につながれた美しい光沢のある木製の馬車だった。手綱をひく男性はハットを被り、笑顔で会釈をしながら私の前を通り過ぎていった。

サッチャー政権からメージャー政権に代わろうとするイギリス激動の時代、新しい時代の予感を実感できたことは、私の基盤となっている。

初めてイギリスを訪れた1990年は、日本はまだバブル期で空前のグルメブームがあり、外食産業が活況を迎えていた。イタ飯やビストロ、中華といった諸外国の料理を多くの人々が食する機会が増えるが、なんといっても花形は、日本に出店した各国の名レストランだ。

ホテルのフランス料理しか知らなかった日本人が、未知なる食の贅沢を知る機会を得たわけである。ワインやソムリエブームにもつながる外国文化への解釈のきっかけにもなった。

私も自称グルマンで、店を訪れては自分なりに点数をつけていた。今となれば笑えるが、その愚かさに気づいたとき、恥ずかしさで打ちひしがれた。だが、その汚点をぬぐい去りたいという気持ちが、活動の動機にもなった。

研究心と探求心の塊だった私は、イギリスに行くたびにフランスやイタリアなど美食の国々も巡り、高級レストランから村の人々に愛される店、一般家庭に至るまで訪ねた。厨房に立ち、料理を振る舞ったこともあった。

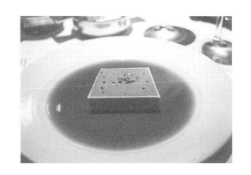

私は料理人ではなく、料理を学びに行ったわけでもなく、ただ料理が好きなだけ。この経験は貴重だった。イメージとはまるで違う現実に出会う。

最も印象深いレストランには、ロンドンで出会った。それは全盛期の「ル・ガブロッシュ」。ここでレストランの「存在と役割」について知ることになる。

ロンドンの名店は、まるで家か事務所のような佇まいだ。建物の1階に一見ふつうの小さな玄関があり、看板は目立たない。入るとレセプションに女性がいて、予約を告げる。最初に通されるのは、物語が始まる場所、ウェイティング・バー。食前酒とアペタイザーを愉しむ空間なのだが、このとき事件が起こった。

一人の青年が、二人の素敵な女性を連れて来店した。肩に腕をまわし、脚を組んでソファーに座り、「極上のシャンパンを」と告げる。フルートグラスに注がれたシャンパンは、黄金色の泡がはじけている。ところが、青年はそのグラスを床に落としてしまったのだ。

すぐにマネージャーの男性があらわれ、言った。「問題ありません。なぜなら最高のシャンパンを味わえたと、カーペットが喜んでおりますから」と。そこに居合わせたみんなが笑った。「もうしわけない。一番のショックは私の飲む量が減ってしまったことだ。それよりこのカーペットを弁償する。もちろん全フロアのカーペットを換えてもらおう」と名刺を渡した。

私の友人は「彼は石油王の息子に決まっている」と言ったが、マネージャーは私たちに意味深のウインクをして去り、何ごともなかったかのように平常に戻った。

いよいよダイニングへ。

高鳴る期待を胸に地下へと向かう。階段を一歩一歩降りるたびに、ダイニングからの熱気が強くなる。熱を帯びた空気が赤く見えるように、とてつもないパワーとして響いてくる。ダイニングに一歩足を踏み入れると、そこは熱戦がくり広げられる「劇場」だった。

どのテーブルからもゲストたちの熱気がムンムンと湯気のように立ち上っていて、テーブルそれぞれが一つの舞台のようだ。自分たちのテーブルに着いたとたん、今度は私たちのテーブルの幕が開く。席に着くと3名のソムリエが歩み寄り、真剣勝負がくり広げられる。ワインリストにある銘柄も驚く品ぞろえで、日本では手に入らない希少品のオンパレード。私たちの力量を試しながら、信じられないほどの情熱と紳士的な愛情で、ワインを料理の最後の調味料としながら、最上のコンディションへと誘う。

プロフェッショナルが手がける芸術の世界。

あれほどのおいしいワインにも、あれほどエレガントに美しく料理を輝かせる魔術師たちにも、私は日本でお目にかかったことはなかった。

料理が供され始める。未知なる扉を開くような、興奮に満ちた瞬間であった。私たちのテーブルには4名が座っている。そこへ給仕長があらわれ、給仕人が4名それぞれにつく。給仕長がメニューを読み上げると、配膳人2名が厨房から料理をのせた銀盆を運び入れ、給仕人に引き渡し、順にテーブルにおいていく。4名分の料理がそろうと、給仕長のかけ声とともに一斉に皿のクローシュをとり去る。私の頭のなかで

はファンファーレが鳴り響いていた。

一つのテーブルを係が10名ほどでとり囲み、私たちの食事はスタートした。

フランスのグランメゾンでも同じような経験をしたが、何かが違う。何が違うのか？　それはこのレストラン劇場をつくり上げている、ゲストの存在だ。驚くことにこの空間、かなり騒がしい。私たちも、かなり大きな声で話す必要があった。ところが、ボリュームがあるにもかかわらず、心地よい音楽のような話し声で満たされていて、全体にはハーモニーがあるのだ。

オーストリアのウィーン楽友協会でアンサンブルを聴いたときの、空間と音の不思議な調和を思い出した。食事を楽しむことは、上等の音楽を楽しむことに似ている。楽器が奏でられ、それを受け止める人がいて初めて、その響きが美しく生きる。フルオーケストラの贅沢な世界観と同じ満足感、ここでは、食材やワインを奏でる奏者とゲストが、究極の食のハーモニーを楽しんでいるように感じたのだ。

五感を刺激し、おなかまで満たしてくれる「料理」という至高の芸術は、人間の貪欲の極みであるという真実を、この場所で教えられたと思う。イギリスという国が求めてきた、この国らしい文化であると理解した。

これがロンドンのレストランの真の実力。これを知ってもなおイギリスの食事の悪評を述べるかたが、どれだけいるだろうか。

そして、さらに言っておきたい。

そのロンドンの名店をも凌ぐ食事文化が、イギリスには存在することを。

モダンブリティッシュ料理

20年以上前から、イギリスの食事は以前と違っておいしくなった、と言われ続けているが、その「以前」とはいつなのだろうか。

憧れを抱いていたフランスより、納得のおいしさだったイタリアより、私はイギリス料理のほうがおいしいと思った。率直な感想として。実はイギリスはおいしい食材であふれている。私は、イギリスの卵や乳製品、野菜、魚、肉の味わいに感動するとよく話しているが、ここでは料理店の話をしたい。

筆頭に挙げたいのは、PUB。

ただ、PUBとひとくくりにしてはいけない。エールとおしゃべりを楽しむ「パブ」とグルメ志向の「ガストロノミーパブ」では、内容も性質も異なる。

ここでお話しするPUBとは、カントリーサイドの田舎町や街道沿いで出会う地元のPUBを指す。メニューはどの店に行ってもほぼ同じ。定番のスターター（前菜）、定番のメインディッシュ、定番のプディング（デザート）。もちろん、地場のドラフトエールやサイダーもカウンターに並んでいる。しかし、なのだ。メインディッシュの定番、ステーキ＆キドニーパイ一つを食してみても、驚くほどその店ならではの味わいがあり、なんといってもすごくおいしい！

日本のレストランだって、たとえばビーフシチューも店それぞれに味わいが異なると言われそうだが、イギリスでは私たちが想像する枠を超えた振れ幅で味わいが異なり、個性的だが、きちんとステーキ＆キドニーパイという料理の枠に収まっているのだ。

食材を最大限に生かしたうえで、その料理名

に違わず、納得できるおいしさに到達している。このことには、食のプロほど驚くと思う。メイン料理は、ロンドンのミシュラン三ツ星レストランや名店よりもはるかにおいしいものに出会えると私は言い切れる。

この実力を味わったときに、初めてイギリス料理の真価を語ることができるだろう。しかしながら、目新しさも発見もない、伝統的な田舎じみた料理は、料理雑誌やガイドブックには決してとり上げられることはないだろう。

イギリスに新たな風を吹き込んだ人物、テレンス・コンランを思い浮かべていただきたい。日本でもザ・コンランショップやハビタで馴染みのあるデザイナーだが、彼はライフデザインとして、高価なものだけでなく一般人に身近な商品も幅広く企画・販売して、世界中に多大な影響を与えてきた。

そのコンラン卿が、80年代後半からレストラン産業にも革新をもたらした。食事をする場所を、心地よいだけでなく、より楽しく、よりエンターテインメント性を高めたものにしたのだ。革新的なのは、演出による表現でなく総合的な空間インテリアを軸として、新しい時代の価値を創設したことだった。食の楽しみ方の新時代を、個性的な舞台として確立させたわけである。この形こそ、モダンブリティッシュの基盤となるのだ。

モダンブリティッシュ料理とは、見た目を現在風に仕上げた単純なもののことではない。それは「モダンなブリティッシュ料理」である。

「モダンブリティッシュ料理」とは何か。

その答えを探る手がかりとなるのは、料理人マーコ・ピエール・ホワイトとギャリー・ローズ。ジェイミー・オリバーも有名な料理人だが、彼は現代のイギリスをとり入れた料理人であり、

上記のふたりとは異なる。

マーコ・ピエール・ホワイトはロンドンのレストラン業界に旋風を巻き起こした実力派で、イギリス人であるにもかかわらず、最年少で、かつ最多のミシュランの星を持つ料理人として知られていた。彼の料理は実に美しく的確で、とてつもなくおいしかった。無駄なものをいっさい省き、とことんおいしさを追求した世界観が彼の特徴だった。料理の基本はイギリス料理そのもので、そこにフランス料理の技術や技法を巧みに駆使し、新しい料理哲学を食に表現した、たいへん意義のあるものだった。

しかし、そのうえで圧巻の、真の意味での天才は、ギャリー・ローズにほかならない。彼の料理は、ホワイトよりも、もっと純粋にイギリス料理だ。イギリスのどの家庭にも転がっている食材や伝統的な料理が、すばらしい新イギリス料理へと導かれ、供される。目ざすべきおいしさの終着点から回顧し、最も削ぎ落とされたシンプルな源に到達し、極上の料理として表現しているのだ。マーコ・ピエール・ホワイトとは真逆の料理の完成といえる。

イギリスの風土・気候や、文化や習慣、国民性などを知ることで、初めて純粋なるイギリス料理の源に辿り着くことができるのだろう。

私が最も衝撃を受けた料理は、じゃがいもと玉ねぎだけでつくり上げた前菜だった。なんとも素朴で、何も特別ではない家庭の食材。それがこの上なく贅沢で、極上の感動する料理として表現されていた。あのロブションも、じゃがいものピュレで評価された。その真価を称えることができる食文化に、私は最も賞賛の意を表したいと思う。

それこそが、「モダンブリティッシュ料理」といえるのではないだろうか。

チャリングワースマナー

イギリスを感じるうえで大きな転機となった
ことに、チャリングワースマナーとの出会いが
ある。イギリスには数百年変わらない村が今も
残っていて、その村々を訪れるのもイギリス旅
行の最大の楽しみだ。

滞在先はホテルやB&Bなど多様にあるが、
マナーハウスやカントリーハウスホテルを選ぶ
ことも多い。広大な敷地や華麗な建物、歴史あ
る社交場、すばらしいガーデンや重要な文化財
などがあり、その場を訪れるだけでもドキドキ
する。

昔は栄華を極めた象徴的な建物も、経済が低
迷して農地改革や税制改革の影響を受けたり、
時代の流れを受けて存続することができなくな
って販売されたり、買い手がつかなければ荒廃
したりと、負の財産として存在していた。

ところが80年代後半からこれらをリノベー
ションして活用する動きが活発化する。ホテル
として運営し、維持管理するのだ。あまりにも
膨大な管理費を民間では補いきれないと、自然
保護団体のナショナル・トラストが管理してい
る場所も多くある。

なかでも、ロンドンから北西約150kmにある
丘陵地帯、コッツウォルズの高台に佇む「チャ
リングワースマナー」はすばらしい場所だった。

菜の花畑の田舎道をすすむと門があらわれる。
入ると、丘の上の母屋まで道が続いている。道
端に咲く小さな野の花が、私を出迎えエスコー
トする。マナーハウスといっても、小さな建物
で威圧感はない。裏手にゲストを迎え入れる、
歴史を感じさせる小さな小さな木製の分厚い扉
の玄関がある。

扉をノックすると、あらわれたのはとてもチ
ャーミングな美しい女性だった。異国からの男
性客に戸惑うこともなく、私を心から迎え入れ
てくれている。しばらくたわいもない話をして
いると、今度は支配人の中年男性があらわれた。
これまた心から歓迎してくれていると実感し、
満たされた気持ちでここでのすばらしい経験が
始まった。

通されたのは、2階にあるイギリスのカント
リーライフを描いたラブリーな部屋だった。
90cmはありそうな分厚い石造りの壁と美しい
壁紙、花をモチーフにした絵の数々に、落ち着
いた色彩のアンティーク家具。かわいらしいベ
ッドカバーとおそろいのソファセットや、窓際
には腰かけとカーテン。机の上には、甘い香り
のするおいしそうなホームメイドのビスケット
が入った缶と、魅惑のシェリー酒が入ったデキ
ャンタ。そしてりんごとぶどうがのった皿もお
かれている。

なんといっても驚いたのが、バスルーム。窓
からは美しいガーデンと、その向こうにコッツ
ウォルズの遥かなる田園風景が広がっているの
が見えた。青空や星空を見ながら、季節の風の
薫りを感じ、鳥の声を聞き、朝の陽を浴びなが
ら過ごす時間。「快適」とは何かを知った、極
上の空間だった。

この建物は1316年に建てられているから、
700年を超えていることになる。90年代初め
には建物内に室内プールもできたという。最新

の設備の快適さと、長い歴史が刻まれた落ち着いた重厚さをあわせもつ贅沢感。料理のおいしさも格別で、キッチンガーデンの採れたて野菜や旬の果物、隣接農場のおいしいミルクやバター、季節の滋味深い肉類に自家製パンやマーマレード、はちみつなど、豊かな食のハーモニー。

何より、ゲストの心を豊かにしてくれるサービススタッフの洗練されたプロの仕事と、顧客が創り出す食空間、美の奏でる至高の満足感。しつらえや卓上の銀器や器、選ばれたワインの充実度。日本の高級レストランの未熟さを痛切に感じ、恥ずかしい思いに支配された。

そんな私の心のうちは知らず、スタッフは笑顔でひと声ふた声、満足度を確かめるように言葉をかけていく。その仕草や身のこなしは映画のワンシーンのよう。

翌朝はよく晴れた。チェックアウトの時間に庭で芝刈りをしていた支配人に声をかけると、「桂一は庭のベンチに座りましたか」と聞く。前日に一度座って美しい風景に圧倒されていたが、時間は5分くらいだろう。「もっとゆっくりエンジョイしてくださいね」と言ってくれたので、私はそのベンチに再び座ることにした。

そこで私は新たなチャレンジをする。「何もしないで、1時間座ってみよう」と。

始めの10分は、とてつもなく長く感じた。15分が過ぎた頃から、時が過ぎることを忘れるくらいに、気持ちが穏やかなものに変わった。

この過ぎゆく時間は、だれにも平等に与えられた唯一のものかもしれない。同じ時間を過ごしても、きっと重さや深さは異なるだろ

う。与えられるものを待つだけではなく、自ら選び、感じ、学ぶこと。その平等のなかで、必死に努力する力も必要だ。

ベンチから見える美しい風景は、自然のままではなく、人がつくり上げたものだ。人が心地よいと思うものを重ね合わせ、より快適に過ごそうと努力する。美しい、楽しい、うれしいと感じさせるのも、人の努力以外にないのだ。

漠然としていたイギリスの魅力やすごさを痛感した体験となった。私はそこで自分が生きる道について決心できたのかもしれない。

BRITISH CAKE HOUSEのメインの部屋、イングリッシュローズルームには、チャリングワースの水彩の風景画がある。玄関を入ってすぐの暖炉の上には、チャリングワースの窓から見える風景の写真、そしてスタンドランプの下には、チャリングワースの庭とベンチの写真を飾っている。

私の人生を決めた風景を、いつまでも昨日のことだと思えるように。

イギリスで学んだ教えは、「平等と規律のバランスの上に成り立つ自由」「古きものへの敬意と革新を融合させる理由」「守るべきものと受け入れるべきものの根拠のある判断力」。そして「存在価値を見極める力を養うこと」だと認識している。

私がイギリスで感じたインスピレーションを、日本で自分なりのメッセージとして具現化したいと強く思った。一見おかたそうなイメージのイギリス人の愉快さも、カントリーサイドの美しさも、紅茶が生活に寄り添う潤いのある生活も、アフタヌーンティーのすばらしさも、英国料理のおいしさも、これらを伝えるために、人生をかけて日本での伝道師になろうと、自分に誓った。

まずはじめに、私の人生観を大きく変えたマナーハウス、カントリーハウスホテルを日本につくりたいと思った。しかし考えれば考えるほど、その真髄とは歴史が刻まれた建築物にある。雰囲気だけでつくったところで本物とは異なる。でも、マナーハウスでいちばん感じていた「空間と時間」を伝えることはできるのではないか。自分は、人々を温かく「もてなす人」であるべきではないか、と気づいた。

私が最も象徴的に感動した瞬間はどこにあったのか。それは、その館に集う人々が過ごす時間と空間。豊かさと満足感を最高に感じ合えるパブリックな場所。それがレストランであることに気づいた。

私は悪名高きイギリス料理のレストランをつくろうと決心したのだ。伝統的なイギリス料理に、新しい時代のセンスや技法をとり入れたク

Essay II

The Fountain

ラシックでモダンなレストラン。湯河原という地の利や季節の食材を生かし、イギリスと日本を融合させた世界観を、モダンブリティッシュレストランとして誕生させるのだ。

自分の内に秘めた真実の願いは、日本の茶懐石とイギリスの食文化を合わせた、新しい分野の創造だった。日本人としてのアイデンティティーを失わず、日本の伝統的な美と、英国で学んだ懐の深い誇りと美しきものたち。共通するのは、人を思いやる心とその思いを受け止める心、おもてなしの心が行き交い、心を通い合わせる安らぎの舞台。それが私の求めた具現化である。

大切なのは、イギリスで学んだ、おもてなしの精神。自分なりの精いっぱいのおもてなしの表現としてできることとは何だろうか。

答えは、その舞台を自分たちの手でつくり上げることだった。自分自身がイギリスを感じられると自信をもてる舞台で、何も恥じることなく、堂々とお客さまにその空間と時間を楽しんでいただく。理想のイギリスのわが家を、自らデザインする。

これこそが心のこもったおもてなしだ、と私は考えた。

敷地いっぱいの間取り図を描き、壁4面、各部屋すべて、こまかく具体的にデザインした。

「リラックスできて」
「温かい時間が宿る」
「おもてなしのわが家」

そのプランをもとに、専門家が構造計算や、地盤、基礎、建築を施し、内装・外装のほとんどは私たちが自らつくり上げていく。イギリスからさまざまな建材や備品、照明等の器具や家具、細部に至るまで輸入し、数カ月を要して思いと心を込めてつくり上げていった。

建物に込めた想い

表現したい思いは決まっていた。ここは私が生まれ育った場所。一日の太陽の向きや光の動きをよく知っている。思いをコテで描く、そのひと筋のラインに映し出される光と影の表情には、おもてなしの心が込められている。お客さまを迎え入れる部屋すべてに、心を込めて空間を創造し、幾層にも重ねることで気がととのうと考えた。

入ってすぐのホールには暖炉スペースをつくった。その上には岩戸山（湯河原富士）が見える窓を配した。右にある小さなレッスン部屋「チェリーブロッサム」は、イギリスの田舎のB&Bをイメージした。メインの部屋「イングリッシュローズ」の床は分厚い無垢の木。天井は手前から奥に向かってゆるやかなアーチになっていて、奥に祭壇がある田舎の小さな教会をイメージした。窓から景色を眺め、リラックスできる楽しい空間をめざした。

アクセントとして、腰板と壁の間のボーダーを京都の煤竹にした。どこかで日本とイギリスの融合を表現したかったのだ。

このメインの部屋「イングリッシュローズ」の壁には、「イギリスのチャリングワースの風景」の絵がある。油絵を得意とされた画家に描いていただいたもので、そのかたは静岡の山中で土を育て、有機肥料で美しい菜園をつくられていた。そこには自ら建てられた小屋があったが、それは心底から震撼するほど美しく、とてつもない完成度の情景をつくり出していた。

芸術家という使命と、なにげない身近なものをアートにする表現の魅力を教えられた。

見える部分は、ほぼ全部を私たち仲間で仕上げた。半年以上家づくりに没頭し、アンティー

ク家具やシャンデリア、照明器具をとりつける
頃にはすでにヘトヘトだったが、「おもてなし」
として、自信をもってお客さまをお迎えする真
髄はそこにしか宿らないと考えていた。

　ついに1999年、このわが家はみなさまをお
迎えする。

　十国峠から伊豆半島に連なる山を望む、四季
の移ろいを木々の彩りで感じられる場所にThe
Fountain（現BRITISH CAKE HOUSE）は
建っている。

　自然石の階段を上がると、富士山の溶岩石の
蹲（つくばい）が、みなさまをお迎えする。130年ほど前の
イギリスの玄関扉を開け、ささやかなストーリ
ーを思う存分堪能していただききたい。

　館内に入ると、ホールがある。最初に驚かれ
るのが、この部屋の暗い壁の色。床も天然の石
を配しており、独特な雰囲気だ。イギリスに滞
在された経験のあるかたには、懐かしさを感じ
ていただけるかもしれない。

　メインの部屋の窓やテラスからは小さな町と
海が見え、一日の変化を実感できる。

　建物の前には大きな桜がある。春には毎年、
美しく咲き誇る大島桜。真っ白な花びらと、や
わらかな緑色の葉が美しい。満開の頃には、花
びらがだんだんと淡いピンク色に染まっていく。
少し暖かくなり始める頃に、夜風を浴びながら
仰ぐ夜桜は、毎年の贅沢な楽しみだ。

　家造りは、私の名刺そのものになった。

新しいレストランの形

　1999年、モダンブリティッシュ料理レスト
ラン、The Fountainを開業した。

　当時、有名なレストランや話題の店は、都会
にあるのがあたりまえだった。一軒家レストラ
ンもまだ少なく、有名な保養地や高級別荘地で
もない湯河原で、こだわりのレストランを運営
するのはむずかしい。しかも英国料理だとした
ら、それは馬鹿な自滅行為の骨頂だ。

　しかし、私の思いはイギリスのカントリーサ
イドのマナーハウスが起源。ヨーロッパでは、
地方の村にさえも、国を代表する名店がたくさ
んある。食を貪欲に追求する私にとって、憧れ
そのものだ。湯河原という私の生まれ育った故
郷で、温泉地で、和のイメージの強い場所で、
私は完全予約制の英国コース料理を食べるため
にお越しいただくことをめざしたいと思った。

　それからもう一つ、重要なビジネスの形があ
った。それはオーナーシェフの店ではないとい
うこと。プロの料理人と菓子職人を雇い、私は
あくまでもオーナーである。ワインや紅茶のセ
レクト、お見送りや顧客管理を行う。料理の考
案、調理法、味わい、提供方法まで熟考し、コ
ースに組み立て、お客さまへのメッセージをと
とのえる。それを職人である料理人たちが提供
するという構成だ。それぞれがプロフェッショ
ナルとして仕事をし、私自身は直接お客さまに
接するというスタイルを実践していた。

　開業してもしばらくは、「英国料理」を提供す
る店への風あたりは強く、想像していたより現
実はずいぶんと厳しかった。どんなに強い思い
や希望があっても、その心をだれかに届けたり
伝えたりすることはむずかしい。ランチタイム
もディナータイムも、毎日来店者ゼロの日々が

続いていく。

　それでも、唯一できることは、来店してくださったお客さまにとって、よい結果を出すということだけだった。情熱と思いと愛情を込めて全力でお迎えした。

　そのなかから、私たちの思いを受けとってくださるかたがたが徐々にあらわれ、次に訪れるときにはほかのお客さまをお連れくださり、少しずつ小さな輪が広がっていった。メディア関係者もあらわれ始め、だんだんと人々が集まるようになっていき、やがて日本全国はもちろん国外からもゲストが訪れ始めた。

　創業から3年ほどがたとうとする頃、予約がとれないレストランの道を歩み始めたのだ。

　わが家でくつろいでいただき、お見送りするときに、お客さまが、この木々の緑や太陽のきらめき、季節の風の薫りや美しさに出会うことを祈り、夜は月の光や星の輝きに明日の希望を見つけてくださることを祈った。

　そうして気づいたのは、おもてなしの心で接し続けると、それが通じるのではないかということ。

　何もない自分が、少しだけ自信をもつことができた、初めての気持ちだった。

英国の食を伝える旗持ちとして

　The Fountainがオープンした頃、駐日英国大使館を中心に日本の人々にイギリスの食のプロモーションを展開しようと準備がすすめられていた。

　私は、The Fountainをぜひ知ってもらわなければと、大使館広報部宛てにFAXを送った。私の熱い思いがあふれた過激な内容で、「こんなものが届いてしまった」と驚かせてしまったが、「おもしろそうだから行ってみたい」と来てくれることになった。

　この出会いから、私たちのさまざまな活動がスタートした。私の想いは明確だった。イギリスのすばらしさ、食文化の真実の姿を日本に伝えたい。

　ただ、大使館の目標は英国の産業としての食を広く日本に知らしめること。私のめざすことがイギリスの産業の発展に結びつくかどうかわからない。ところが、なんと私を必要としてくれたのだ。

　大使館の食のプロジェクト誌『A Taste of Britain』や関係資料で、私たちはイギリスの食材やパーティーにおける料理の楽しみ方を提案した。日本の有力なメディアを英国大使館に集め、The Fountainで提供している、モダンブリティッシュのコース料理を味わっていただく会を催した。

　こうした活動を重ねることで理解者は増えていくと願っていたが、容易ではない。食して納得しても、「それはこの料理の評価であって、イギリスの現地の食とイコールにはならない」というのだ。実にごもっともである。

　フランスの食文化はすでに日本では定評があ

り、重要な貿易のアイテムでもあった。

そこに突然、イギリスの食はすばらしいと声を上げたところで、それを立証できる市場が日本には存在していない。それでも私が旗を振り続ければ、いつかそれを見つけてくれる人がいると信じたかった。

そんななかで二つの新たな表現舞台が加わった。現在ではたいへんな盛り上がりを見せているデパートの英国展と、英国の情報を伝える専門雑誌『英国特集』の誕生だった。

英国展出展は、英国を伝える窓口となり、多くのかたに興味をもっていただくきっかけとなったが、私はそれだけでは満足できなかった。なぜなら、イギリスの魅力は英国展や雑誌で伝え尽くせるものではない。深さや広がりを探求できる懐の広さがイギリスの魅力なのである。この領域を見なくては、イギリスのすばらしさは堪能できない。

そこで、私は英国大使館の出版物を手がける友人に、彼が編集長となって、イギリスの素敵なもの、美しさや魅力、偉大さにふれられる本をつくってほしいと伝えた。観光地を紹介したり、旅のモデルプランや店のメニューを紹介したりするだけではない。ロンドンの高級ホテルのBAR特集、マナーハウスやカントリーハウスホテル、カントリーサイドのPUBやレストラン、ワイナリーやファームショップなどが登場する。

これが『英国特集』創刊号の内容だった。彼は美しく、すばらしい「イギリスらしい」本に、見事に仕上げてくれた。

イギリスのティールーム
Cafe≠Tea Room≠Salon de thé

みなさんはイギリスに行ったとき、どこでお茶時間を過ごしますか。

ここ二十数年はスターバックスなど有名チェーン店も多数存在するので、そういったお店を訪れたり、ネットで人気のかわいい町カフェを訪ねたり、ホテルでのアフタヌーンティーなど、さまざまなお茶時間の楽しみ方があると思う。

イギリスのTea Roomとは、どのような存在なのか。それを体験したければ、カントリーサイドにある、小さな村を訪れるといい。

ところが、実際に行ってみるとガッカリと言われることがよくある。理由はどの店も食器は普及品の分厚い白いカップ＆ソーサー、ティーポットは銀器どころか、安いステンレス、極めつけに肝心な紅茶はティーバッグ！　しかも英国菓子もほとんどおいしくない。気のきいた店員もいない。お客もエレガントな服装でお出ましの淑女ではなく、近所の老人やくたびれた靴のトラベラー。

優雅でエレガントな夢のイギリス紅茶旅は、驚きのうちに幕を下ろすことになる。

しかし、それがイギリスのTea Roomなのだ。だからルースリーフの茶葉を使用したり、お菓子が少しでもおいしいものなら絶賛の嵐！

日本人がイメージするエレガントなお茶時間は、フランスやオーストリア文化圏にあるSalon de théなのかもしれない。そのようなお店では、きちんと服装をととのえたエレガントな貴婦人たちが午後のお茶時間を過ごす姿を目のあたりにできるだろう。イギリスのTea RoomはSalon de théとは異なるもの。もちろんSalon de théはCafeとはまったく別のもの。同じようにCafeとイギリスのTea Roomも別のものなのだ。つ

まり「Cafe ≠ Tea Room ≠ Salon de thé」となるのである。

たとえば、外国に日本の料理を習った外国人がオーナーの日本蕎麦店があり、メニューにうどんやラーメンがあったらどうだろう。それどころかアジアの麺類というくくりで、タイ式ラーメンや韓国の冷麺が載っていたら。日本人からしたら、そんな馬鹿なと思うかもしれない。

日本料理であるとした場合、居酒屋もファミレスも割烹も料亭も、すべて日本料理を味わう場所としての同じカテゴリーに並ぶのだろうか、という話なのである。私たち日本人にとっては、その違いはかなり明確にわかるのだが、これが外国のものとなれば、飲食店として見分けがつかないかもしれない。つまり、Cafe、Tea Room、Salon de théと紅茶を提供する店はすべて同じ枠のなかにあるといえるのだろうか？

紅茶のまわりにあるさまざまなものを、さまざまな角度から見たり知ったり考えたりすることで、その本質が見えてくる。楽しみ方や味わい方を文化的に理解することが重要なのだ。

イギリスのTea Roomのすばらしさは、独自の豊かさにあふれている。そこにはロンドンのホテルであっても絶対に叶わないものがある。

豪華ではないが、イギリスらしい「贅沢な場所」であることは確かだといえる。

アフタヌーンティー概論

日本でアフタヌーンティーをいただくと、何がいいのかなと思うことがある。こんな言葉を聞いたらショック、と怒られるかもしれないが、実際そう思ってしまうのだからしかたがない。

断っておくが、私はアフタヌーンティーが大好きで、それを伝えようと25年前からプロとしての活動をしている。だから、本当にみなさんが満足されているのだろうかと思ってしまうのだ。私が同じお金を払うなら、きちんとしたレストランで、充実した時間をゆっくりと、納得して過ごしたいと思う。

多くのかたはアフタヌーンティーの歴史や背景をよくご存じで、イギリスの優雅さの象徴として、それゆえのマナーなるものに精通され、気品あるふるまいをされる。

お聞きしたいのは、それをどこでだれと、何の目的で実践する機会があり、それ以前にそれをどこで学ばれる機会があったのか。私は知りたい。私は30年以上前からロンドンのホテルやマナーハウスでのアフタヌーンティーを何度も経験して、由緒あるお屋敷にも呼ばれて伺ったことがある。

けれど、3段トレイは一部の場所だけであったし、もっと豪華で豊かなアフタヌーンティーの経験を各地で重ねてきた。妻や友人、知人も、だれもが憧れるロンドンの名門ホテルに携わった経験をもち、故エリザベス女王や皇室、各国の要人に食事やお菓子を提供した経験をもつが、裏方という視点からも、それは特別な人に対してではなく、ホテルの顧客に対しての業務であって、それ以上でもそれ以下でもない。

それなら、アフタヌーンティーとは商売としての価値しかないのか？と言われたら、実はも

っと重要なイギリスにおいての文化的な価値が
ある。実に華やかで豪華である点にすぐれた、
まさにイギリスらしい文化なのである。

最初に、正式なアフタヌーンティーという確
立された形式や作法はないと伝えておこう。
残念ながら、3段トレイも絶対条件ではない。
私もまだ何も知らなかった頃は、ロンドンの有
名ホテルにがんばってアフタヌーンティーをし
に行ったが、3段トレイはいつ来るのかと期待
して、結局最後まで出てこなかったと落胆した
経験をもつ。
でもよく考えてみると、3段トレイで一度だ
けポンとテーブルにおかれて給仕されるより、
何度も給仕人がサンドイッチやお菓子を運んで
きて、選ぶことができるほうがどれだけ贅沢だ
ろうか。
マナーハウスや私邸では、テーブルにお菓子
などが並べられ、友人との語らいの時間を極力
じゃましないように給仕される。確かにふだん
のお茶時間とは異なるので、素敵な茶器が用意
され、卓上も美しく、空間もとてもエレガント
で、貴族の仲間に入ったようで、とても気分が
いいものだ。
が、しかし、ちまたで語られるようなマナー
に縛られる環境がどこにあろうか。

そしてあることに気づく。
私たちよりはるかに余念なく準備をしなけれ
ばならないのは、迎える側なのだ。満足してい
ただくあり方でお迎えできる力量が、ホストの
側にも必要なのだ。
そのお迎えする文化の奥行きの心地よさ、美
しさが、イギリスの優雅さや豊かさとして語ら
れる、この国の特徴ともいえるものだ。それが
どうして育まれたのか、理由は階級制度のなか
から生まれたお屋敷の文化そのものにあるとい
えよう。そこから生じた紅茶文化ならではの「お

もてなし」がアフタヌーンティーとつながると
理解できる。

こまかい発展理由や流行の要因は、ここでは
あえてふれない。しかし、アフタヌーンティー
の優雅さは、イギリスならではのお屋敷でのお
もてなしなのだ。
だからこそ、もてなされる側にもマナーがあ
るのだと理解いただけると思うし、アフタヌー
ンティーにとって何が大切なのかが見えてくる
と思う。そう考えたら、街のTea Roomでアフ
タヌーンティーが成立しない理由、また、多く
の人たちが同一線上にされるようなホテルのア
フタヌーンティーに満足できない理由がわかる
だろう。

素朴でささやかなお茶時間であっても、あな
たのために用意された手作りのお菓子があり、
紅茶をいれて迎えていただくほうが、贅沢で、
それこそがアフタヌーンティーのすばらしいお
もてなしの形、表現なのではないだろうか。

もちろん、商売のアフタヌーンティーがあっ
てもいい。けれど年間数千人のかたがたをだれ
ともわからずお迎えするよりも、あなたのため
に用意するアフタヌーンティーのほうが、どん
なに心が満たされるだろう。
イギリスの豊かで美しいお茶時間とは、そう
して育まれてきた文化である。ホストも主人も
いないアフタヌーンティーでは、心が満足する
はずもない。

ホテルや店の諸君よ、大切なものを学び、そ
んな心意気でお客さまをお迎えいただきたい。
さもなければ、イギリスのすばらしきおもてな
し文化は、商業アフタヌーンティーの陰になり、
かき消されてしまいそうだから。

英国展でのレストラン

2003年秋、日本橋三越本店の英国展で「モダンブリティッシュ料理」のレストランとして食事を提供することになった。今では活況な英国展も、当時は商社の輸入商材をメインにした落ち着きのある雰囲気で、外国展の催事とはいえ、画期的なチャレンジだと感じた。当時はフランス料理やイタリア料理を楽しむ機会はたくさんあっても、イギリス料理を楽しむ機会はない。

メニューはモダンブリティッシュ料理のコースを主体に、アラカルト、サンドイッチなどの軽食やクリームティーなど、さまざまなお客さまに対応できるようにと考えた。また、それだけでなく、私たちのもう一つのテーマ「英と和」、「地産地消」との融合。採れたてのしいたけをたっぷり使ったマッシュルームスープや、獲れたばかりのスズキをすぐにさばいて送り、フィッシュ&チップスを提供した。湯河原は柑橘類の産地でもあるので、その果汁や果皮をアクセントに使用した。英国産ビールやワイン、英国直輸入の紅茶とともに英国料理の魅力を味わっていただこうと、メンバーも一丸となってこの大舞台で闘った。

そのかいあってか、連日大盛況。たいへんだったが、楽しいトライの6日間だった。

2006年には、大阪・阪急うめだ本店の英国展に出展した。英国菓子のトライフルなど、つくりたてを販売したのが印象に残っている。翌2007年には、妻が研修したロンドンのクラリッジズ・ホテルのティールームの英国展への出展を実現させるためにコーディネートを担当したり、旗持ちの活動を続けたりした。

こうした一つ一つのイギリスの食を伝える種蒔きは、同時に自分たちの力量を向上させる機会でもあった。

The Fountain「泉」

イギリスの有名な詩人に、ワーズワースがいる。イギリスのなかでも特に美しい湖水地方で活動し、まわりに存在する自然のすばらしさを提唱したことをご存じのかたも多いだろう。彼の詩に、The Fountain「泉」がある。

この清らかで美しい泉は、この地で長い時を超えても変わらないであろう、と時間の経過のなかで移ろう人の心を試すように、変わらぬ自然への思いをうたっている。

私もイギリスの湖水地方が大好きだ。生まれ育った湯河原は海に近く、わが家は丘の途中にあり、カンブリア州の沿岸から湖水地方に深く入る丘の中腹に建っているようなイメージを描いて、The Fountainのデザインを手がけた。

ワーズワースの詩のように、この場所がみなさんにとっての「泉」とならんことを願ったのだ。生命の源である水がいつまでも湧き出るように、その清らかな水を求めてこの場所にお越しいただくとき、私たちはずっと変わらずにみなさまをお待ちしていますという想いを、The Fountain に込めた。

創業から3年ほどがたった頃、The Fountain は予約がとれないレストランとなった。経営もようやく納得した状況になり、着実にレストランとしての土台が固まりつつあった。

氷河の上の春

だが、私生活はその真逆で最悪の状況を迎えており、酷(ひど)い日々を必死に耐えて過ごしていた。私は当時、両親とThe Fountainの2階に同居していた。両親は公務員で安定した日々を望んでいたが、私もレストランもその穏やかな日々を脅かすものであり、賛同を得ることができなかったのだ。

2003年12月、私はわが家から出ていくことにした。自らの手で泉を埋める苦悩の決断。

信頼してくださったかたがたの心も、期待をしてくださったかたがたの心も、大切な思い出の場所として大事に思ってくださったかたがたの心も、従業員たちの心も、この土地を手に入れてくれた祖父の心も、すべて自らの手で裏切る決断をしたのだ。

The Fountainは活動開始から4年ほどで、その水を枯らしてしまうことになる。枯れることのないはずだった泉の水源を、自ら断ち切ってしまった。

泉を自ら埋め、愛や夢をすべて埋め尽くした。抜けがらのようになった私は、そのあと妻となる祐子と軽井沢の山に暮らすことを決めた。

軽井沢での生活は、世にいう駆け落ちだから、氷の上で暮らしているようだった。ときどき陽の当たる場所に出ては、閉ざされたところに戻ってゆく。幸いにも知人たちからの仕事は絶えることがなく、最小限の生活をしていれば、海外へ行く資金はもち続けることができた。

イギリスが世界のあちらこちらで残してきた文化を探求しようと、ふたりでイギリス本国はもちろん、各国を貪欲に探り歩いた。そして、私は彼女に結婚の申し入れをした。

私たちの活動をよく知る人から、悠々自適でいいですね、と言われてきた。実際は毎日のように苦しみのなかでもがいていたのに。

でも、そのなかで見えてきたものがあった。だれもがふつうに暮らしているように見えても、そのふつうを叶えるために一所懸命に努力しているのかもしれない、ということ。

3年ほどがたち、妻のおなかに長男が生命を宿し、私は、わが家へ戻る決心をした。

私たちの仕事は、だれかの人生の道端にあるささやかな野の花だと思えた。ふとその存在に気づき、生きる希望を抱いて、春に辿り着く道標になりたいと思った。願わくば、その花の記憶が支えとなるように。野の花は華々しく輝けずとも、毎年小さな生命を次の世代へとつないでいくことができる。

自身の生き方を見つけた私の大好きなイギリスの風景も、まさにそれだった。私の原点であり、それが「BRITISH CAKE HOUSE」の活動すべての根源にある、決して揺らぐことのない、私のアイデンティティーなのだ。

英国菓子教室誕生の理由

Essay III

BRITISH CAKE HOUSE

1996年頃、友人の家でこんな話をしたかたがいた。

「私たちの企画に、日本人に多く来てもらいたいのだけれど、どうしたらいいのだろう」

話をしたのは、日本人でありながらフランス・パリのホテル・リッツで、ジェネラルマネージャーをされていたかた。のちにジョルジュサンクに移動されたので、ご存じのかたもいらっしゃるかもしれない。

「ホテル・リッツにはエスコフィエという製菓・料理の教室があるのだが、日本人の受講者を増やすにはどうしたらいいか」という話だった。

私は瞬時に「短期単発講座」がよいのではないかとアイディアを出した。パリに滞在できる日数の少ない日本人向けに、3日から1週間程度で修了できるコースをしつらえるのだ。彼はとても喜んでいたし、多くの受講生を集める一つの製菓・料理教室のあり方も確認することができた。

確かに集客しやすく気軽に参加できるため、双方に有益なように見えるが、本当にその国の食を理解する入り口に立てるのか、と問われれば、それは無理だといえる。だがその修了証を胸に掲げ、この世界に入門する道を開くという効力は侮れない。いったい、「学び」とは何をもって、生きるための教養となるのだろうか。

話はかわるが、私は食前にジン&トニックを好んで飲む。シャンパンよりずっと手頃だし、ジン特有の香りとトニックウォーターの爽快感もいい。食前に供されるオリーブとも絶妙な組み合わせだ。日本とイギリスを行き来する飛行機でも、搭乗するとまずこれを注文する。

このときは日系の航空機に乗っていた。メニ

ューを見ながら、「ジンは何ですか」と日本人の
キャビンアテンダントにたずねた。そしたら
「ジンはお酒です」と流されてしまった。そう言
われたら、それ以上何を聞いても恥ずかしくな
るので、その日は別のものにした。

　英国系の航空機では、私の求める返答をあた
りまえのようにしてくれるし、「どちらにしま
すか？」と4種類ほどの瓶を置いていってくれ
るときさえあった。私が聞きたかったのは、ジ
ンはどの銘柄やどんな種類があるのかだった。
このやりとりに、言葉や文字であらわせない、
大きな標準（スタンダード）の格差を感じた。

　それなら、英国菓子はどうだろう？　教室で
は、ヴィクトリアサンドイッチやキャロットケー
キ、スコーンなど、いわゆるだれもがイメー
ジする有名な英国菓子だけを習いたいと考える
かたも多い。しかし、ケーキを一つ学んだとこ
ろで、それがすべてではない。それならばと今
度はいくつもの教室に通い、さまざまな作り方
を習得することを選ぶのだが、答えは見えない。
いつかは自分がお店や教室を、と考えるかたが、
次々にさまざまなお店を見に行ったりするのだ
が、自分の頭のなかをととのえるだけで疲れて
しまうだろう。

　私たちの教室は「基本コース」が2年。次の
「アドヴァンスド講座」が2年。そしてその後は
「同好会＆ベーキング」という名の期間エンド
レスの設定をしている。

　現在、毎月通い続けてくださるかたで最長が
19年、多くのかたが15年、10年以上、都心か
ら離れたこの場所まで、時間も交通費もかけて
通ってくださっている。ここで素朴な疑問が生
まれると思う。「何をそんなに何年もお菓子教
室から学ぶのだろう？」「きっと次から次にあ
まり知られてなさそうな英国菓子でも教えてい
るのだろう」などなど。

　初めの2年間は22講義44種類程度、有名な
お菓子もそうでないものも体験していただき、
たくさんの発見の時間をいっしょに過ごしてい
ただきたいと願っている。

　アドヴァンスド講座は「技術がむずかしいお
菓子になる」と想像されると思うが、それがま
るで違う。初めの2年があって、次の2年を過
ごしていただくのだ。

　そこには「講義」が加わる。このめんどうと
思われそうな講義に実はたくさんの秘密が込め
られており、そこから見えてくるものを感じ始
めたときに、遠くまでお越しいただく理由を、
ご自身の人生のなかに見つけ出してくださって
いるのだと思う。

　この私の二つの経験は、BRITISH CAKE
HOUSEという英国菓子教室が誕生した大き
な基盤となっているのだと思う。
　「ジンはジンである」を超えた先に見えてくる
「ジンを知ったなら、よりおいしく楽しくジン
を飲もう」ということをお伝えしたい。そして
その「よりおいしく」とは何かを、楽しく、深
く探るおもしろさとむずかしさを、いっしょに
感じていただきたいと願っている。また、その
純粋な心に「極み」は寄り添っているとも思う。

　知識や情報は、だれかに伝えるために貯える
ものではない。活用して初めてその言葉のとお
り生かすことができる。それも自分や大切な人
のために。

　大人になったら、受験勉強方式は卒業しよう。
「おいしく、楽しく、美しく」、そしてその先に
ある満足感の秘密を、ぜひ私たちのBRITISH
CAKE HOUSEまでお越しいただき、存分に
感じて味わっていただきたいと思う。

三つの四季を巡る

BRITISH CAKE HOUSEで英国菓子の技術指導をするのは、妻である小澤祐子だ。彼女との出会いは、The Fountainに最善のパティシエがいないかと、取材でよくロンドンを訪れていた友人に相談したことから始まる。

当初The Fountainにパティシエはいたが、純粋にイギリスを伝えたい、人生をかけたいと願っているわけではないと認識していたので、イギリスに寄せた英国菓子やデザートをつくってもらっていた。

だが、私が求めるのは、イギリスに興味があり、イギリスで生活し、イギリスに骨をうずめようとするほどにイギリスと肌が合うと思っている人。プロの技術力をもち、フランス菓子など外国の菓子の技術も習得し、製菓の技術力に長けている人。美術やアートの表現力を理解し、柔軟な姿勢をもつ人。そして日本人であること。

この傲慢な要望を叶える人材がいるとは思わないから、フィーリングが合うだけでもいい。

ある日、ロンドンのル・コルドンブルーを、圧倒的な首席で卒業した日本人がいる、と連絡が入った。それが祐子との出会いだった。

祐子は富山県出身で、幼少期からお菓子づくりを趣味としていた。米国・ワシントン大学留学時のホームステイ先で、その奥さんの手作りのお菓子を味わったときに、製菓技術者への道を歩むことを決めたそうだ。大学卒業後、ロータリー財団国際親善奨学生として製菓技術学校の英国ロンドン・ル・コルドンブルーに入学し、同校を首席にて卒業、ロンドンの名門クラリッジズ・ホテルでの研修を経て、日本に帰国していたのだ。

しばらくしないうちに彼女は湯河原に来て、いっしょに歩みだすことになった。

私からの最初の要望は、コース料理でのプディング(デザート)ひと皿で、それまでの料理数品で構成されたものと同等の価値をお客さまに感じさせるようにということ。旬の食材を使い、適切な色彩を表現し、オリジナルの世界観と満足できる要素を盛り込み、おいしくあること。それに日本人である誇りをちりばめて、純粋な英国菓子に仕上げること。そうでなければ、モダンブリティッシュではないからだ。私からの要望は重圧だったと思う。

要望に応えられないと彼女は随分悩み、初めの一年間、毎日泣き続けたと、あるとき打ち明けてくれた。

そこで一つの提案をした。それは、できるだけ毎日午後に時間をつくり、いっしょに散歩をすること。散歩といってもこのまわりは1周約4.5kmあり、アップダウンの多い田舎道だ。これを約50分かけて毎日歩く。体力も精神力も養うが、それ以上に大切なことがあった。

湯河原は、海あり川あり山ありの風光明媚な土地で、柑橘類がほぼ一年間を通して、さまざまな姿で彩りを添えている。木々や草花にもそこらじゅうでふれ合えるので、自然とさまざまな感性に出会う。同時に嗅覚や肌で、空気や光の強さ、日々の変化も感じる。

私は3年間かけて、この四季をくり返し巡ることを提案した。

1年めは発見。2年めは確認。3年めに生まれるのが、経験を基にした予測や想像力。

その向こうに見出す光は、自分自身でつかみとるものだと考えていた。

そこからもう20年以上、私たちは今でも四季を巡る散歩をくり返している。

プロフェッショナルの英国菓子

イギリスのお菓子は、紅茶とともにある。素朴な英国菓子は家庭でもつくられるが、プロがつくる英国菓子もある。その違いを明確にお伝えし、ご理解いただくことに、英国菓子教室の指標がある。

英国菓子は素朴な焼き菓子でもあるので、お菓子作りの入門として興味をもち、そこからベイカリーショップをオープンされることも多いが、実はそう単純でもない。

特殊な機材や特別な材料を使用しなくてよいのは、確かに英国菓子ならでは。茶色いばかりで華やかさに欠けるし、表現や美しさに学ぶものが少なそうだし、技術的に劣りそうだと思われるのかもしれない。やはりフランス菓子を学ばなくては、となるのだろう。

それゆえにプロとして英国菓子を学んだ経験がある人は少ない。

ところが小麦粉、バター、砂糖、卵が主体となるお菓子の完成度を高めるのは、意外にむずかしい。シンプルな構成ほど、その味わいには、その人が持つ技術が直接出てしまう。要は、ごまかしがきかないのだ。

寿司を握ろうと家で真似しても、お店の味とは異なるだろう。単純な食材の組み合わせということは理解できても、おいしく握れない。「おいしい！」と口に出るレベルとなるには、食材一つ一つの知識とそれに適した技術が必要になってくるのだ。

レッスンのときによく質問されるのが、「レシピ以外のものを入れることができるか」ということだ。それは日本人らしい考え方ですね、と受け入れるが、それよりも技術を向上させたり、純粋においしくしたりすることに力を注ぐ

のはいかがかでしょう、と思ってしまう。

BRITISH CAKE HOUSEのアドヴァンスド講座では、そのような例をあげていく。

たとえば、イギリスの代表的なヴィクトリアサンドイッチ。ほどよく空気感のある、バター風味の2枚の生地に、相性のよいジャムをはさみ、ときとしてクリームもサンドする。英国の大切な食文化、ジャムがポイントである。

BRITISH CAKE HOUSEでお伝えする「ものの見方」は、「なぜそれが愛されるのか」、歴史や文化、風土、気候、国民性、思考などの背景からも考えていただくことだ。

そして、そのお菓子の「完成度」を高める秘訣を、ご自身で学んで実力を育んでいくお手伝いをしたいと私たちは願っている。受講者が、イギリスの文化とふれ合う感覚を養いながら、伝統や格式というキーワードの真実を学び、知らず知らずのうちに、お菓子作りまで上達していると実感している。

ただ、BRITISH CAKE HOUSEはそれが目標ではなく、それがスタート地点なのだ。そこからもっと重要なことに気づき、この場所の存在価値をみなさんそれぞれのなかで見いだしていただきたいと願っている。

プロの技術を用いて、家庭で英国菓子の本質をくずさず表現できる、皿の上の表現だけではないおもしろさを、学んでいただけたらうれしい。

ティータイムの客人

　あなたが迷ったり苦しんだりしているとき、人生の先輩や大切な友人が「お茶にいらっしゃいませんか」と誘ってくださったとする。

　少し気が引ける思いはあっても、気晴らしやアドバイスなど何かのきっかけになればと、がんばって出かけ、話しているうちに、少し気が晴れたり、自分を思ってくださる気持ちへの感謝に支えられたりするかもしれない。

　もしあなたが、夢や希望、野心があるときに、その道に通じる人から、「お茶でもしながらお話ししませんか」とお誘いを受けたとする。

　何かに期待する心と緊張との間で、その舞台に人生をかけたいと願うかもしれない。

　もしあなたが、達成感や満たされた思いを胸に、がんばる人の手助けになれる機会を探したいと「お茶にいらっしゃいませんか」と声をかける日があるとする。

　そのかたの期待や緊張、夢や希望、野心を、どう受け止めるだろうか。

　さて、そこで、ホストが茶葉で紅茶をいれなければ、そのお誘いは本気ではないと感じるのだろうか。銀器と名窯の茶器でお迎えしなければ、ゲストは馬鹿にされているのだろうか。

　すべての要素で、完璧といわれる設定をととのえなければいけないのだろうか。

　ずっと昔、王や女王に謁見し、直接的にそのふるまいがその人の成績として判断されていた時代ならまだしも、故エリザベス女王のハンドバッグの中身がマーマレードサンドイッチだと知られた今の社会で、一体何を求めているのだろうか。もし、英国のしきたりをこの日本で守りたいのならば、まず日本人たる慣習や習わしや作法を大切にして、日々実践すべきなのではないだろうか。

「間違い探しをすること」をマナーと呼ぶのだろうか。まわりの評価を気にしすぎて、素直な気持ちを表現できないことを奥ゆかしさと呼ぶのだろうか。

　逆に予期せぬ失敗や思いがけない出来事（それがとるに足りないものだったとしても）を補うような助け船を出す力量こそが、マナーとして必要ではないだろうか。

人としてのマナー──。

　それは「おもてなしを受けた経験から生じる心」を知り、「おもてなしをされる心得」を知ること。必要なものと足りないもの、それをきちんと判断できる基準を身につけることが、学ぶべきマナーだと考える。

　マナーとは「人の心を想うこと」。

　もてなし、もてなされる美しい心が重なり、行き交うことこそが、おもてなしのすばらしさだと思いたい。

　ささやかでいい。

　その思いやる心こそ、美しいティータイムのホストとゲストの約束なのだと考えている。

究極のティータイム

ティータイムの過ごし方に決まりはない。

お茶を飲みたいと思うとき。純粋に水分補給として、水よりお茶を選択するときもあれば、リラックスした安らぎがほしいとき、豊かなお茶時間を過ごし癒されたいと思うときなどがある。いずれも潤いを得たいのだが、紅茶をあらためて飲みたいと思うときは、コーヒーを飲みたいと思うときよりも、心を満たしたい気持ちが高いときだろうか。

私がイギリスで経験してきたお茶のシーンは、違う像がよみがえる。たとえば、マグカップで飲むシーン、朝食などはもちろん、仕事の合間に、サラリーマンも職人もリラックスした笑顔で紅茶を楽しんでいた。

小さな村のティールームなら、老夫婦が散歩や買い物の合間にいつものようにお菓子と紅茶をはさみ、日常の風景として溶け込んでいたし、知り合いの家にお茶に呼ばれたときも、たわいもない話をするお茶時間に「ふつうの日常」を感じた。

唯一有名ホテルへアフタヌーンティーに出かけるときは、少し改まった身なりと心構えだが、それは、仲間といっしょに時間や空間を過ごす、一つの選択肢にすぎない。とにかくティータイムは、日常やふつうという言葉がふさわしい時間なのだ。

そんなふつうのお茶時間のなかで印象的だったのは、「お茶時間をとても大切に過ごしている」と実感したことだ。

たとえばピクニックに出かけてお茶を楽しむとき、トレッキングでフットパスを歩いて自分の好きな場所でお茶時間を過ごすときがそれに

あたる。達成感と満足感にひたりながら飲む紅茶のなんともおいしいこと！ それぞれがそれぞれの満足感のなかで、不思議な一体感を覚える幸福感。これが究極のティータイムなんだな、と感じたのである。

BRITISH CAKE HOUSEは、海や川、山に囲まれた環境にある。私が好きな場所にみなさんをお連れして、いっしょに歩いてお茶を飲む。砂浜に椅子を持ち出して海を見ながら軽食を召し上がっていただくこともある。みなさんに自由に、好きな場所で好きな時間を過ごしていただく。そこまでの道中で初めて出会った人同士が語らいを楽しむこともある。

この活動を私は「究極のティータイム」と呼んでいる。究極といいながら、紅茶の茶葉一つ選べないお茶時間。高価な陶器や銀器で供されるわけでもない。バトラーやフットボーイも存在しないし、ましてやそこに、食べ方や過ごし方のマナーなど存在するはずもない。

でも、自分なりに楽しみたい、人の楽しみ方を奪おうとしないといった、豊かな時間を互いに過ごすためのルールやマナーが存在する。

それこそが私がイギリスで学んだ、最大の「マナー」であった。

季節の彩りが移ろう山々、私たちの心を包み込む広い海、万物を抱く高くて広い空がそこにはある。風は薫り、空気の色を見つけ、とり巻く音色に耳を傾け、道端に咲く花に出会い、ふれる大地や水の存在とすばらしさに、その五感を呼び起こす。

なにげない日常のなか、ささやかに寄り添う風景に目を向け、感じる心を見つけ出し、小さな達成感や喜びに、生きていることの瞬間に出会うお茶時間。それを究極のティータイムと呼んでいる。

夢

妻との新婚旅行はビーチリゾートに決めた。日課はシュノーケリング。空に憧れを抱く私も、いつもは見えない海の世界に心が躍る。

ある日、「カタマラン」というエンジンのついていない小さな二艘ヨットに乗り、案内人が舵を操るアイランドトリップに出かけた。環礁にいくつもの無人島があり、半日巡ってシュノーケリングを楽しむのだ。ところが実際に大海原に出てみると、これがとてつもなく広い。深い紺碧の海が待ち受けていて、恐怖さえ感じる。案内人はノリがいい若者で「今日は天候がよいから、もっと遠くまでいかないか」という。もちろん即答「オフコース！」だ。そしてとてつもなく美しい島で過ごしていた。

ところが案内人がなんとなく緊張した様子で「そろそろ帰ったほうがいい」という。先ほどまで吹いていた、心地よかった風がやんでしまったのだ。

カタマランは、風だけを推進力としてすすむ。風がやむと、どこにもすすめないことになる。トランシーバーで交信を試みるが圏外で通じない。本当のロビンソン・クルーソーか！とツッコミたくなるが、ここはテーマパークのアトラクションではない。目視でも双眼鏡でもほかの島は見えない。案内人は「遭難したらだれか来

てくれると思う」と言ってはいるが……。

3人を乗せたカタマランは太陽の位置を頼りに、案内人のイメージする方角へ出航した。先ほどまでは心地よいスピードで、優雅に海を滑っていたカタマランだが、前にすすんでいる実感はなく、30分近くほとんど位置が変わらないまま大海原に浮かんでいた。

ところが、その時である。ヨットの帆が、突如目いっぱいに風を受けてふくらんだのだ。「左側の艪の側面に乗り、しっかりとロープをつかんでくれ！」と案内人は叫んだ。そのとたんカタマランは、ジェット機のように大海原を滑走し始めたのだ。海の上を跳びながら（実際に空中に舞うときもある）、しかも45度くらいに傾いて、片側の艪だけを水面につけて、ものすごいスピードで走り続ける。海に落とされたらかなりの衝撃だ。必死にロープをつかんでその微妙なカタマランの傾きに対応していた。全身に猛烈な海のしぶきがかかる。深い紺碧の海、降り注ぐ太陽の輝き。慣れてきたら少し余裕が出てきて、爽快感と美しい自然の世界を、体と心で満喫していた。

遠くの島まで向かった時間が嘘のように、ほんの数十分で出発した島が見えてきた。そのときの安心感と、待ち受ける静かな美しい情景に、心は楽園を見た。そしてそれまでの激しさがまぼろしだったかのように、静かに緑のヤシの木が茂る白色の砂浜に到着したのだ。

The Fountainを開始したとき、無人島から小さな帆船を漕ぎ出した気持ちでいた。めざすべき島もわからず、航海図もなく、コンパスもなかった。

けれど、どこかで私の憧れる島が待っているのでは、と想像していた。この目で見て味わい感動し、心が動いた場所は確かにあったのだから、きっとどこかに私の求める理想の場所があ

るのではないかと信じていた。

　しかしどれほど風を待っても、どれほどオールで漕いでも大海原にさまよう小船でしかなかった。それからどれだけの時間を、孤独のなかで過ごしただろう。ある日一人の女性が、私といっしょにその夢を見たいと、ともに旅をすることとなる。めざすべき島は見つからない。

　暗い夜には月明かりや星空に希望を見つけ、強い雨にもひたすら耐え、ひどい嵐に転覆せぬように、風を読んで闘うしかなかった。

　ある日、風の赴くままに船を走らせることにした。そしてとうとう、私たちの憧れていた風景に浮かぶ島を見つけることができた。

　不思議なことに、そこでは私たちの知る人たちが手を振ってくれていた。しかも、笑顔で。初めて見つけたその島で、待ってくれていた。これほどの安心と心強さがあるだろうか。

　もしここで船が沈みかけても、きっとだれかが助けに来てくれるだろう。だからその到着するまでの道程を、心の底から楽しんだ。感謝の心とともに。それを言葉にすれば、まさに「楽園」といえるのかもしれない。

　「夢を叶える」とは、そういうことなのだとみなさんから教えていただいたのだ。

　今度は私からみなさんに伝えたいことがある。恩返ししなければ、まだ夢の半ば、決して完成は迎えられない。

ずっと変わらないこと

　何よりも大切だと思って実践していることがある。それは「お見送り」だ。これは私の秘密の極意。料亭に行くと、私たちの姿が見えなくなるまでお見送りしてくださる。なんとなく恥ずかしく感じるかたもいるだろう。少し足早になったり、曲がらなくていい角を曲がったり、なんて経験をされているかたもいるかもしれない。

　では、「見送る側」には、どのような思いがあるのだろうか。私たちの場合は、「感謝」のひと言に尽きる。私たちを選んでいただき、ともに時間を過ごされ、さまざまな気持ちでお発ちになるとき、私たちに与えてくださった敬意にお返ししたいと思う気持ち。その行為は、自分たちのためなのである。笑顔でお客さまに感謝の意をお伝えできるように、また、未来の自分に向けての決意が「お見送り」となり、それが自分自身を支える志の証しなのだ。

　日々くり返すことで、信念を曲げずにいられる極意となるのだと思う。

　ずっと変わらないものというと、「変わるべきだよ」と思われるかもしれない。時代に敏感に反応し、変化することが成長ではないか、といわれそうだ。進化するのは当然だが、自分自身の心の湧き立った源、感動して心が動き、何かの活動に至った原点、揺るがない「初心」を忘れずにいられることほどしあわせなことはないと思う。この土台の上に日々を重ねていくことにしか、進歩はないと実感している。だからこそ、これを続けることは挑戦なのだ。

　進化とは、「変わらない志への挑戦」なのではないか。いつまでも、心を込めてお見送りを続けられる自分でありたいと願う。

教室はコンサート

BRITISH CAKE HOUSEでは、小澤祐子が「英国菓子」担当、小澤桂一が「イギリスの食文化」担当だ。教室がスタートした頃は、プロの技術を用いた英国菓子を学べる場所がなく、多くのかたにご参加いただいた。

徐々に「英国菓子」が浸透していくなかで、プロからでなくても学べる場所が増え、さまざまな形で広がっていった。それでも都心から90分も離れた私たちの教室に通ってくださるかたには感謝しかない。

BRITISH CAKE HOUSEでは、英国菓子をどの家庭でも手に入れやすい材料で、気軽においしくつくれるようにお伝えしている。

でも、みなさんが想像されるレッスンと、少し異なるかもしれない。もちろん英国菓子教室なのだが、ここで学ぶのはそれだけではない。マナー教室や紅茶教室なのかしら？と思われそうだが、それでもない。私たちが得意とする技術や経験をお伝えしているのだ。生徒さん一人一人に敬意をもち、尊厳をもって接することを信条としている。そして対等でありたいと願っている。お菓子作りはお伝えしても、そのほかはいつも生徒さんと同じ場所に立つことを意味する。同時に、私たちが生徒さん同士の関係に求めるスタンスも同じで、人としての尊敬、尊重、尊厳を大切にしていただくことが約束であるとご了承いただいている。

みなさんそれぞれが主人公となり、それぞれのよき部分をここで表現していただき、それを賛え合う場所でありたい。

自分では気づかなかったものに気づき、ご自身の美しさを重ね合う「場所」をつくることが、私たちの役割なのだ。みなさんが、真実の自分

に素直になれたときにこそ、多くのものを学べると思うからだ。

学びとは自身への問いかけの延長線にある。それを苦とするか、楽しみとするか。私たちにはとり巻きや弟子はいない。特別な技術やお菓子作りの経験のない初心者も、だれでもウェルカムなのだ。互いの違いを尊重し合い、人それぞれの価値を認め合い、ずっと変わらない関係が存在する。20年近く通い続けるかたも、新しく加わったかたも、みなさん同じで、上も下もない。ただそこには、長い時間を積み重ねたかたへの敬意が存在しているだけなのだ。

このようなかたがたといっしょに、英国菓子騎士団として、百貨店などでものづくりの楽しさや、お茶時間の豊かさをお届けしている。

教室を何かにたとえるなら、それはコンサート。それぞれが得意な楽器で個性あふれる演奏をしている。おもしろいくらいに、たくさんの種類の楽器を使いこなし、すばらしい音を奏でてくれる。私たちは強いていうなら、指揮者だろうか。お菓子を操るとは、そういうことなのではないだろうか。

その音楽は、まるでオーケストラのように深く多彩な音を響かせる。だれに聴かせるのか。それは家族や友人、大切な人たち。そして何よりそのコンサートを楽しんでいるのは、きっと本人たちなのだろう。なぜなら、音を奏でるむずかしさや奥深さを知っているからこそ、自信をもって伝える喜びを感じていられると思うから。

大勢の仲間と奏でる「自分の音」は、そのかたの「人生」に誇りをもって奏でる音にほかならない。だれに聴かせるのか。自身の心に聴かせるのかもしれない。ぜひあなたの音色を大切に学び育てていただき、いっしょにコンサートを楽しみたいと思う。

美感

人の心が動くのは、「美しい」と感じる瞬間なのだと思う。だれかに評価されているとか、有名だとか、値段が高いなどの価値ではないのだ。自身が素直に「すばらしい」と感じられるもの、しかしこの「感じる力」こそ、自分自身で育てなければならない「精進」なのだと思う。
「美しいと感じられる力＝美感」を養うためには、自分が努力するしか方法はないのだ。

人の真似をするのは楽だ。

成功例を引用したり、同じことをしたりすれば、たやすく望みが手に入れられるのかもしれない。また、少しアレンジしてそれを個性として強調すれば、道が開かれることも多いだろう。

有名なものにあやかったり、何かに頼ったりしてつくった虚像では、「その本質はなんですか」と問われたときに、鎧の中身を見透かされ、負い目をもち、結局は自分が苦しむことになるだろう。

私は自分のスタイルを貫いてきた。なるべくオリジナルで生き抜くことにこそ、おもしろさがあると感じている。それを成立させるには、ルールやマナーが重要である。
「不快にさせない」「個性や主張を認め、尊重する」「だれかの心を踏みにじったり、故意に傷つけたりしてはいけない」、そして「だれかを真似して、そのまま自分のオリジナルにしてはいけない」ということだ。

何かを生み出すには、それ相応の努力が必要である。信念を貫く強い心、それを継続するためには精神力や体力を捧げることを惜しまない。このことを、イギリスで教え込まれたと思っている。

なぜ、そのような心をもち続けられるのか。

何かに感動した経験、自身の魂が動かされた瞬間に、自分との約束として生み出されるもののおかげだと考えている。心が動くものは、人それぞれに異なる。その魂を動かしたものをルールやマナーで成長させ、生かして、自己表現できた人のみにオリジナルな「個性」が与えられるのだと思う。

それを評価してくれるのも、また、人の心でしかない。

2003年からずっと残していた大きな宿題があった。20年前の秋、日本橋三越本店・英国展へのThe Fountainの出店はとてもおもしろかった。けれど、当時の力量では、モダンブリティッシュ料理など、英国の食文化に興味をもっていただくことで精いっぱいだったと思う。

今では、ホテルだけでなく街なかのティールームまでアフタヌーンティーが活況で、紅茶やお菓子を楽しむ機会が増えたことを純粋に喜んでいる。「ヌン活」という言葉には活動的な印象をもつが、アフタヌーンティーで静かなひとときを過ごすことも、豊かさと優雅さの本質であると思う。

私は私の世界観をきちんと具現化して、みなさんに伝えるために、その方法を模索し、この20年をかけて精進してきた。

三越創業350周年の機会に、私の思いを具現化したのが、各回10名、計110名のお茶席へのお誘いだった。ようやく20年間の宿題を達成し、自分への約束を果たした思いでいる。

美しいものに出会うための努力。だれかの指標に頼らず、自分が素直に感じる心を育てることが、やがて自分を支える強力な柱になる。

日々、美を感じようとする誠実な心こそが、「生きる力」そのものになると信じたい。

	【祐子】	【桂一】
1990		イギリスのすばらしさと出会う。 カントリーサイドで、PUB、Tea Room、家庭での食に出会う。
1991		モダンブリティッシュ料理の追究を開始。
1992	自宅を訪れたアメリカ人がつくった家庭菓子に衝撃を受け、お菓子作りに興味をもつ。	英国全土や欧州各国を行脚。
1993		マナーハウス「チャリングワース」と出会う。
1994		英国人紅茶店オーナー兼ブレンダーに英国の紅茶文化を学ぶ。
1995	製菓専門学校への進学を志す。	英国文化を日本に伝えることを志す。 モダンブリティッシュレストラン The Fountain を計画。
1996	進路変更で大学へ進学。	
1998	アメリカ・ワシントン大学留学中にホームステイ先で、家庭料理や菓子、暮らしを学ぶ。	建築設計を開始。
1999		The Fountain 着工。起業する。
2000	大学卒業後、ロータリー財団国際親善奨学生として英国ロンドン・ル・コルドンブルーに入学。	The Fountain グランドOPEN、本格的に活動を開始。英国大使館『A Taste of Britain』誌掲載。
2001	ロンドン・ル・コルドンブルーを首席で卒業、クラリッジズ・ホテルで研修、日本へ帰国。	
2002	The Fountain パティシエ就任。	
2003		日本橋三越本店・英国展にレストランとして出展。The Fountain としての活動を停止、軽井沢へ。

【 BRITISH CAKE HOUSE 】

2004	雑誌『英国特集』発刊、BRITISH CAKE HOUSEへ活動名称を変更。 軽井沢にてBRITISH CAKE HOUSE 始動、英国菓子教室を開始。	
2006	阪急うめだ本店・英国展に出展。	
2007	阪急うめだ本店・英国展へのクラリッジズ・ホテルの来日および出展コーディネートを担当。 スクワイヤーズキッチンにてプロフェッショナルウエディングケーキコース修了(祐子)。	
2008	拠点を軽井沢から湯河原に移す。	
2011	講談社『英国アフタヌーンティー&お菓子』(著者/小関由美・小澤祐子)出版。	
2016	文化出版局『英国ティーハウスのオールデイ・メニュー』(著者/小関由美・小澤祐子)出版。	
2023	三越創業350周年を記念し、日本橋三越本店・英国展に茶会として出展。	

小澤祐子（おざわゆうこ）

富山県富山市出身。
幼少期よりお菓子作りに興味をもち、アメリカの大学留学時に家庭菓子にふれ、影響を受ける。大学卒業後、2000年にロータリー財団国際親善奨学生としてロンドン・ル・コルドンブルーに進学、首席で卒業する。王室御用達のクラリッジズ・ホテルでの研修を経て、帰国する。ホテルや製菓専門店で経験を積み、2002年にThe Fountainのパティシエに就任。製菓専門誌や新聞、雑誌を通じて英国菓子の魅力を広める。在日英国大使館や英国政府観光庁、日本橋三越本店などの催事にも参加するほか、セミナー開催やレシピ提供、飲食店のプロデュース、企業製菓技術顧問など、広範囲に活動している。小澤桂一とともにBRITISH CAKE HOUSEを主宰。

小澤桂一（おざわけいいち）

神奈川県湯河原町出身。
大学在学中に渡欧の機会を得る。卒業後、英国全土や欧州各地を巡り、三ツ星レストランやPUB、一般家庭の厨房まで、幅広い食の分野で料理や文化を学ぶ。英国の紅茶専門店オーナー（元トワイニング社ブレンダー）から英国の紅茶について学び、フランスやイタリアのワイナリーではワインについての経験も積む。1999年に日本初のモダンブリティッシュ料理レストランThe Fountainを起業、2004年にBRITISH CAKE HOUSEへと業態を変更し、現在も湯河原で精力的に活動を続けている。また同時に、講演活動やセミナーでの講師、レストランや旅館の顧問、アドバイザー、プロデュースなど、幅広い分野での活動を行っている。

デザイン　　葉田いづみ

撮　　影　　市原慶子

　　　　　　小澤桂一（column、ESSAY）

編　　集　　伊藤葉子（Tea Time編集長）

　　　　　　田口みきこ（Tea Time）

DTP制作　　伊大知桂子（主婦の友社）

編集担当　　東明高史（主婦の友社）

<ruby>ブリティッシュ</ruby> <ruby>ケーキ</ruby> <ruby>ハウス</ruby>
BRITISH CAKE HOUSE

英国菓子、料理、スタイル
四季のおもてなしレシピ

2024年3月20日　第1刷発行

著　者　　小澤祐子、小澤桂一

発行者　　平野健一

発行所　　株式会社主婦の友社

　　　　　〒141-0021　東京都品川区上大崎3-1-1
　　　　　目黒セントラルスクエア

　　　　　電話（内容・不良品等のお問い合わせ）

　　　　　　　03-5280-7537

　　　　　　　（販売）049-259-1236

印刷所　　大日本印刷株式会社

©YUKO OZAWA, KEIICHI OZAWA　2024

ISBN978-4-07-456591-7

Tea Time

「Tea Time」は、いつもの紅茶の時間から本場英国のティータイムまで「おいしい紅茶のある暮らし」をコンセプトにした紅茶専門誌です。2017年11月1日「紅茶の日」に創刊し、現在では年2回（5月1日、11月1日）刊行しています。

本書はTea Timeシリーズの第2弾「Tea Time Book 02」になります。